Christophe Cachera

L'Atelier

Bien écrire pour le Web

Chez le même éditeur

J. NIELSEN, M. TAHIR.– **L'art de la page d'accueil.**
N°11117, 2002, 310 pages.

Dans la même collection

D. ICHBIAH. – **Cubase SX.**
N°25484, 2003, 160 pages.

J.-P. MESTERS. – **Macros et VBA pour Word 2000 et 2002.**
N°25478, 2003, 160 pages.

S. HOFFMAN. – **HTML 4.**
N°25474, 2003, 160 pages.

P. COLLIGNON. – **Excel 2000 et 2002.**
N°25471, 2003, 160 pages.

M. MENNIG POMBEIRO. – **Les moteurs de recherche.**
N°25470, 2003, 160 pages.

M. SURET-CANALE. – **Photoshop 7.0 pour le Web.**
N°25463, 2003, 160 pages.

J.-P. MESTERS. – **JavaScript.**
N°11201, 2003, 160 pages.

Sébastien Bailly

L'Atelier

Bien écrire pour le Web

Texte, images, publicité

16 exercices commentés

OEM
EYROLLES

Editions OEM-Eyrolles
61, Bld Saint-Germain
75240 Paris Cedex 05
www.editions-eyrolles.com

Direction de la collection « L'Atelier » : gheorghi@grigorieff.com
Maquette : M2M - dculot@m2m.be
Correction : Johan Rinchart

Sommaire

Avant-propos

L'objectif de ce livre est de vous fournir toutes les clefs, les astuces, les méthodes, pour rédiger des textes adaptés à la lecture sur Internet.

Sa première partie présente des principes généraux, qui valent pour la rédaction de n'importe quel type de texte en ligne.

La deuxième partie présente ce qu'il y a à savoir dans un certains nombre de cas particuliers : l'e-mail, le communiqué de presse en ligne, les forums, etc.

Enfin, la troisième partie est entièrement consacrée à la typographie, à la présentation du texte. Car, aussi joliment tourné qu'il soit, un texte ne sera bien lu que s'il est bien présenté.

Chaque chapitre du livre se termine par quelques exercices corrigés, qui vous permettront de tester votre compréhension des principes énoncés. Seuls les deux derniers chapitres dérogent à cette règle, la présence d'exercices ne s'y justifiant pas. Après tout, en matière d'écriture, il n'y a guère de règles sans exceptions...

Souvenez-vous, à ce propos, qu'il n'y a jamais de vérité absolue en matière d'écriture, ni de solution unique supérieure à toutes les autres. On peut parler assez objectivement d'un texte : atteint-il son but ? Est-il compréhensible ? Facile d'accès ? Mais il n'est pas ici de place pour les jugements esthétiques dont on a du mal à se défaire en la matière.

Introduction

Être lisible… Être lu ?

Evidemment, Internet est multimédia. C'est même une grande partie de ce qui en fait l'intérêt. Mais aujourd'hui, c'est avant tout une gigantesque base de données textuelle. La généralisation du haut débit, les avancées de la compression du son et de la vidéo changeront sans doute en partie la donne, peut-être même rapidement. Mais aujourd'hui, on peut dire que ce qu'on fait le plus sur Internet, c'est écrire, et lire, donc.

Pour ne prendre qu'un exemple, la plupart des sites des journaux de presse écrite se « contentent » de mettre en ligne des articles pensés pour une publication sur papier. Ce réflexe initial disparaîtra petit à petit. Comme a disparu la lecture d'articles à la radio. Et personne ne demanderait au présentateur du journal télévisé de lire des textes conçus pour la presse écrite. Parce qu'on écrit différemment pour chaque support. Voilà plus d'une dizaine d'années que j'écris des articles pour des journaux papier, et depuis 1995, beaucoup de mes textes sont accessibles en ligne. Au début, je dois l'avouer, j'écrivais pour un support comme pour l'autre. Et, petit à petit, ma pratique a évolué. Parce que l'ergonomie a fait des progrès : les textes ont été mis en scène, les liens hypertextes se sont démocratisés. Écrire est toujours écrire. Et la plupart des règles qui font un texte agréable à lire sont communes aux différents supports. Mais certaines sont spécifiques.

Alors…

Écrire en ligne ? C'est d'abord trouver de bonnes réponses à une question simple : qu'est-ce que lire en ligne ? Une fois que l'on sait tout ce qu'on peut savoir du comportement des lecteurs, il n'y a plus qu'à adapter sa façon d'écrire aux façons de lire, et le tour est joué. Évidemment, c'est plus facile à dire qu'à faire… D'autant que savoir comment lisent effectivement les lecteurs demande de connaître les règles générales, mais aussi de confronter ses propres objectifs à l'attitude des lecteurs que l'on espère toucher !

Il faut commencer par bien comprendre ce qu'est la lisibilité d'un texte. En anglais, on utilise « legible » pour désigner la lisibilité matérielle, typographique d'un texte et « readability » pour désigner la dimension intellectuelle et psychologique liée au processus de compréhension d'un texte lu. En français, on se contente d'un seul mot : lisible, pour recouvrir ces deux réalités. Et écrire, c'est à la fois concevoir les phrases, les textes, et tracer les lettres, les mots…

En linguistique, la lisibilité est l'aptitude d'un texte à être lu rapidement, compris aisément et mémorisé correctement. Depuis le début des années 1920, plusieurs formules ont été mises au point pour mesurer la lisibilité des textes. Elles utilisent différents éléments de la langue, comme la longueur des mots et des phrases, la rareté des mots, leur fréquence d'utilisation, etc. Ces tests donnent des résultats intéressants (voir l'exemple du test de lisibilité du traitement de texte Word en encadré (p.39), tout en ayant bien conscience que c'est un test assez basique). Mais on aurait tort de leur accorder trop d'attention : ils ne doivent pas être seuls juges de la qualité d'un texte, loin de là.

Ce que nous retiendrons, par contre, ce sont les résultats de différentes études menées sur les spécificités de la lecture à l'écran.

Selon une étude de 1997, les lecteurs liraient 25 % moins vite sur l'écran de leur micro-ordinateur que sur papier. Mais ce chiffre ne tient pas compte de deux éléments :

- les écrans ont fait de grands progrès qualitatifs depuis ;
- les internautes ont plus l'habitude de lire sur écran aujourd'hui qu'à l'époque, par la force des choses.

À la vitesse où les habitudes changent et où la technologie évolue, il faut rester prudent sur l'usage que l'on peut faire de tels chiffres, même s'ils indiquent des tendances qu'il ne faut pas ignorer.

Les principaux facteurs de fidélisation des internautes*

- qualité du contenu : 75 %
- facilité d'utilisation : 66 %
- rapidité de téléchargement : 58 %
- fréquence de mise à jour : 54 %
- promotions et remises : 14 %
- marque : 13 %
- technologie : 12 %
- jeux : 11 %
- options d'achat : 11 %
- personnalisation du contenu : 10 %
- chat & BBS : 10 %
- autres : 6 %

**d'après Forrester Research*

Pourtant, Jakob Nielsen, l'un des « gourous » américains du sujet, va plus loin encore en expliquant que les internautes ne lisent pas en ligne, mais « scannent » les pages. Ainsi, 79 % des utilisateurs « scanneraient » toujours une page en arrivant dessus et seulement 16 % la liraient « mot à mot ». Mais cela s'explique en partie si l'on considère qu'en effet une grande part du temps passé sur Internet est consacrée à la recherche d'information. Avant de lire une page sur laquelle je me rends, je veux m'assurer qu'elle contient bien les informations qui m'intéressent, sinon, évidemment, je passe à autre chose ! Il est donc essentiel de permettre aux pages que l'on met en ligne d'être « scannées » par le lecteur, pour qu'il sache de quoi il est question. Mais on ne doit pas pour autant oublier les 16% qui lisent ! C'est aussi, et surtout, pour eux que l'on écrit, non ?

Il faut en tout état de cause se souvenir de plusieurs contraintes dégagées par Jakob Nielsen :

- lire sur écran serait plus fatigant que sur papier ;
- l'internaute aimerait se sentir actif : il est plus difficile de le contraindre à une lecture passive ;
- des millions d'autres pages attendent d'être lues, il n'y a aucune raison, a priori, de s'arrêter plus longtemps sur la vôtre...
- le temps est compté : il faut donc faire vite.

Sachant cela, il n'y a plus qu'à faire en sorte que l'art naisse de ces contraintes. On sait que si l'on veut écrire un texte long, il faudra qu'il soit bon, pour capter le lecteur à son premier passage, et l'entraîner jusqu'à la fin... C'est, finalement, une excellente nouvelle : Internet ne supporte pas la médiocrité, ou alors seulement par toutes petites doses !

On sait aussi qu'il faut faire ressortir les éléments importants pour qu'au premier coup d'œil, l'internaute sache qu'il a tout à gagner à se lancer dans la lecture.

On sait, enfin, que, lorsqu'on peut faire court et bon, on n'a pas intérêt à faire long et mauvais.

Tout est déjà dit ? Pas tout à fait. Maintenant que l'on a une idée un peu plus précise de ce qu'il faudrait faire, reste à déterminer comment y arriver au mieux.

L'Atelier

Bien écrire pour le Web

Principes généraux

1

1. Pourquoi faire compliqué quand on peut faire simple ?

On croit que le style est une façon compliquée de dire des choses simples, alors que c'est une façon simple de dire des choses compliquées.

Jean Cocteau

L'OBJECTIF

Apprendre à utiliser le vocabulaire le plus simple possible pour faciliter la lecture

C'est d'abord la simplicité du vocabulaire employé qui fait qu'un texte est lisible ou non. Votre lecteur ne comprend pas le sens d'un mot ? Il doit avoir recours au dictionnaire ? Alors, vous pouvez considérer qu'il arrêtera là sa lecture, qu'il n'ira pas plus avant. Et, même motivé, s'il continue, il n'aura pas tout compris, ou, pire, il aura compris le contraire de ce que vous aurez voulu écrire. Difficile de considérer cette situation comme satisfaisante.

La première source de confusion est due à un usage immodéré du jargon... Il n'est pas d'entreprise ou d'institution qui ne se crée un vocabulaire propre, généralement compris qu'en son sein. Mais, lorsqu'on publie des textes sur le Web, on les rend accessibles à tous. Alors, à moins de souhaiter n'être compris que de ses pairs, ce qui peut se comprendre sur un intranet, ou dans des publications internes, autant éviter de jargonner ! Même dans un cercle restreint, on prend le risque de voir ses écrits vieillir : s'il n'existe pas de dictionnaire pour traduire le vocabulaire utilisé, qui pourra, dans 5, 10 ou 20 ans, comprendre ce que vous aviez pu vouloir écrire ?

Pour repérer les risques, il faut garder en tête qu'il existe trois sortes de jargon distincts, capables de pousser le vice jusqu'à s'associer au sein du même texte.

Le jargon bureaucratique

Le phénomène bureaucratique est analysé dans le livre éponyme (pardon, il faut dire : « du même nom » – vous voyez l'effet du jargon) de Michel Crozier. Victime de ce phénomène, l'individu oublie totalement que son entreprise est d'abord conçue pour produire des biens ou des services : il perd son temps à édicter des normes, à mettre en place des procédures, à créer des règles, voire des règles sur la façon de créer des règles ! On oublie l'objectif réel pour se focaliser uniquement sur les moyens.

En termes d'écriture, le résultat est parfois tout à fait désarmant. Le texte n'est pas là pour faire passer un message, ce qui serait son objectif normal, mais pour protéger son auteur. Il sert de paravent, de masque... Qu'il soit compréhensible serait plutôt un inconvénient !

Certains prennent conscience de ce danger, et poussent intelligemment dans l'autre sens, comme cela a été le cas, à Bologne, en Italie : « Le langage utilisé par l'administration constitue l'une des grandes barrières entre celle-ci et les usagers ; il faut impérativement le simplifier. Nous avons donc décidé de mettre en ligne les documents importants et d'expliquer les mots à connotation trop bureaucratique », expliquait à l'automne 2000 la responsable du site Internet de la ville. Si la mairie rend publics, sur le réseau, les actes préalables à toutes les décisions importantes du conseil municipal, des résumés des textes sont publiés afin de rendre compréhensible le jargon municipal. Et un glossaire vient soutenir l'ensemble. (Exemple cité sur *www.place-publique.fr*). Dans ces conditions, le jargon est traduit, le message reprend ses droits. Et l'on objectera peut-être que cela se fait aux dépens de la précision. Mais que vaut un texte précis si personne ne comprend ce qu'il veut dire ?

SUITE

Le jargon technocratique

Par définition, le technocrate est celui qui tend à faire prévaloir les aspects techniques d'un problème au détriment des conceptions sociales et humaines. Évidemment on retrouve ce travers dans son style d'écriture. Phrases impersonnelles, usage immodéré des substantifs : l'homme est nié par la forme du texte elle-même. Là où l'on pourrait utiliser des verbes, poser des sujets, le technocrate préfèrera toujours mettre des noms, utiliser le style indirect. Ce jargon-là prouve qu'un vocabulaire simple, où les verbes ont leur place, est largement préférable.

Les exemples de ce type de textes abondent. Sur le Web comme ailleurs : « La politique des temps de la ville, contribuant à la vie des valeurs essentielles, intéressant tous les champs de l´existence, la personne et la société, le passé, le présent et le futur, devient une construction mobilisatrice », peut-on lire dans un rapport disponible en ligne. Notez la longueur de la phrase, le nombre de noms communs, le seul verbe actif... Peut mieux faire, non ? Surtout qu'à bien y regarder, l'homme serait bien au cœur de l'enjeu décrit par cette phrase, mais il est totalement masqué derrière le jargon technocratique.

Un jargon, tout aussi paradoxalement, qui est beaucoup utilisé par les spécialistes du management, ceux qui s'occupent des hommes, justement ! Et voilà les restructurations, recentrages et divers repositionnements... Pourtant, lorsqu'une usine ferme, un mot résume assez bien la situation, celui de... fermeture, non ?

Le jargon d'expert

C'est sans doute le plus courant. Mais ce n'est pas pour autant le moins dangereux. Pour l'expert, la langue est un rempart qui lui sert à affirmer son pouvoir : « Vous ne comprenez pas ce que j'écris, cela prouve à quel point je vous suis supérieur. » Comme chacun se targue d'être expert en quelque chose, et qu'il est des experts dans tous les domaines, il n'est pas grand monde qui puisse s'estimer totalement à l'abri de cette tentation.

D'autant qu'on peut utiliser son vocabulaire d'expert sans même s'en rendre compte, tant les mots spécialisés deviennent usuels lorsqu'on les utilise tous les jours ! Attention, donc, si vous vous adressez à des gens qui ne sont pas férus de votre discipline, soyez vigilant. Et la puériculture est une discipline, comme la cuisine, la généalogie ou la physique des molécules !

Un exemple de ce que cela peut donner ? Il n'y a qu'à demander :

> « Les métadonnées et XML sont importants dans les processus de production et de gestion des objets pédagogiques. De nombreux groupes travaillent sur ce domaine. Il n'existe cependant pas encore de standard pour caractériser la structure logique des documents pédagogiques, qui permettrait de décrire de façon unique un exercice, des indications pour sa solution, et de produire différents types d'affichage quel que soit le support (CD, Web ou papier...) malgré certaines possibilités offertes par l'utilisation de XSL (extended Style Sheet Layer). Mais malgré ces restrictions, il semble pertinent d'adopter, dès maintenant, cette approche pour produire des documents pédagogiques de meilleure qualité et assurant une meilleure portabilité ».

Le tout est de savoir à qui l'on s'adresse : il y aura sûrement des gens pour comprendre le texte ci-dessus, d'autant qu'il est livré dans un contexte donné, et non pas tel quel, comme ici. Bref, que les experts utilisent leur langue entre eux ne pose aucun problème, au contraire, la science a besoin d'une langue précise où chaque mot désigne un concept clair et pas un autre. Mais si l'on veut s'adresser au plus grand nombre, il faut faire quelques efforts de pédagogie, notamment dans le choix du vocabulaire utilisé ! Choisissez vos mots en fonction des personnes dont vous voulez être compris, mais, dans le doute, n'oubliez jamais que la simplicité est mère de sûreté.

Ce qu'il faut à tout prix éviter

En matière de vocabulaire, il faut conserver à l'esprit quelques règles, et traquer sans relâche, dans ses écrits, tous les mots qui pourraient y déroger... Et, méfiez-vous, quelle que soit votre bonne volonté, vous risquez fort de vous laisser dépasser ici ou là. Soyons modeste, d'ailleurs, dans ce livre même, vous trouverez bien quelques entorses à ces conseils...

Néologismes

Pour un écrivain, le néologisme est le fait d'inventer un mot... Ainsi, Rimbaud :

« Ô flots abracadabrantesques, Prenez mon cœur qu'il soit sauvé (...) »

Abracadabrantesque est depuis entré dans les mœurs... Avec plus ou moins de succès. Mais lorsqu'on souhaite se faire comprendre du plus grand nombre,

SUITE

mieux vaut chasser le néologisme. D'autant que, parmi les 85 000 mots de la langue française, il y a généralement moyen de trouver celui qui correspond précisément à ce que vous voulez écrire. Planchiste, sinistrose, télévendeur, réunionite, médiathèque, jeunisme... sont des néologismes qui ont trouvé leur place dans le langage courant. Mais on évitera les « hapax », nom que l'on donne aux néologismes morts nés, comme on évitera ceux qui ne font que prendre la place de mots existants (solutionner pour résoudre, par exemple, même si le néologisme est plus facile à conjuguer que le verbe d'origine...).

Substantivation

Ainsi, à partir des verbes correspondants, sont nés le manger, le boire, le coucher, l'être et l'avoir... Transformer un verbe en nom serait donc très banal. Mais attention, l'abus de substantifs est dangereux pour la lisibilité ! D'autant que l'on aura tendance à créer de toutes pièces des substantifs à partir de verbes ou d'adjectifs. Le résultat donne des écrits impersonnels, sans action, en un mot : ennuyeux. Si écrire peut donner écrivain, tous les verbes n'ont pas d'équivalent sous la forme d'un nom commun. On produit ainsi par substantivation des néologismes en pagaille, il faut y prendre garde !

Anglicisation

Il ne s'agit pas ici de faire le procès de la contamination du français par l'anglais. D'autant que nous sommes convaincu qu'une langue ne doit pas se figer et toujours continuer de s'enrichir... Mais tout de même, souvenez-vous que de nombreux mots anglais ont leur équivalent en français, alors, autant utiliser ces derniers. Après tout, un check-up n'est jamais qu'un examen, on est très occupé lorsqu'on est « overbooké »... Et il n'est pas si compliqué, vous voyez bien, de rester clean !

Profitez-en pour vous rappeler que les mots en étranger, dans un texte en français, s'écrivent en *italique*.

Michael Jackson

Michael Jackson super-overbooké.

Michael Jackson est surbooké en ce moment. En plus du tournage du film *The Nightmare of Edgar Alan Poe*, Bambi s'apprête à sortir courant février 2001 le nouvel album qu'il a co-produit avec **Teddy Riley** et **R-Kelly**.

Par ailleurs, il compte bien rebooster la carrière de ses petits neveux les **3T** et espère aussi pouvoir reformer les mythiques **Jacksons Five**. Bref, Michael n'a même plus cinq petites minutes pour faire un break dans son caisson!

Amusez-vous à réécrire ce texte tiré du site www.mcm.fr

Sigles

Si chacun sait, en France, ce qu'est la SNCF ou la RATP, vous vous dites que vous pouvez employer ces sigles sans prendre le risque d'être mal compris... Le pauvre francophone japonais qui lira votre prose, lui, ne s'y retrouvera pas forcément. La règle veut que lorsqu'on donne un sigle pour la première fois dans un texte, on en explicite le sens. Pensez que vos lecteurs n'ont pas forcément connaissance du contexte dans lequel vous évoluez. L'abus de sigles est une arme absolue pour n'être compris que de ses pairs. À chacun de choisir en connaissance d'effets ! Si l'on parle de la TCAR à Rouen, tout va bien. Mais qui sait ailleurs qu'il s'agit des transports en commun de la ville ?

Dans certains cercles on va même plus loin, on crée des sigles, semble-t-il, pour le plaisir de se les entendre dire... Ainsi, chez Hewlett Packard, on a inventé le MBWA, le « management by wandering around ». Il s'agit tout simplement d'encourager le personnel à communiquer par les moyens les plus informels possible, comme les discussions devant la machine à café, l'organisation de goûters d'anniversaire ou autres événements conviviaux et sympathiques... Un sigle, et le tour est joué : vous voilà avec un nouveau concept de management tout frais, prêt à être utilisé !

SUITE

Sur Internet, il existe en ce domaine un cas particulier : tout ce qui tient du dialogue en ligne, par écrit, fait une large place aux sigles... Ainsi, lorsqu'on s'envoie des e-mails, que l'on utilise une messagerie instantanée, on fait un large usage des LOL, ou autre MDR. Voyez dans la deuxième partie de cet ouvrage les sigles les plus utilisés dans ce cadre.

Simplicité n'est pas simplisme !

S'il faut faire simple, on ne doit pas pour autant se priver des extraordinaires richesses de la langue française ! Avec un vocabulaire appauvri, on se condamne aux répétitions, aux mots passe-partout aux dépens de la force et de la précision de l'expression. Des verbes comme faire, voir, dire, être, avoir, utilisés à foison, rendront vos textes monotones. C'est d'autant plus dommage que l'on peut aisément remplacer ces termes par de nombreux autres, en fonction du contexte.

Être

Les journaux sont sur le guéridon. -> se trouvent
Le directeur était sur l'estrade. -> se tenait
Les imprimeurs sont au sous-sol. -> travaillent
La police est devant chez lui. -> planque

Avoir

Ce discours a dix ans. -> date (d'il y a)
Les cigognes ont beaucoup d'énergie. -> montrent
Ce fer à repasser a un système antibrûlure -> dispose de
Louis a régulièrement mal au dos. -> souffre régulièrement du

Faire

Ce téléviseur ne se fait plus. -> fabrique
Le journaliste fait l'enquête. -> mène
Jean-Claude a fait son travail. -> terminé
Jeanne fait le dîner. -> prépare

Voir

Je l'ai vu hier soir. -> aperçu, rencontré (selon le contexte)
Tu as vu cela hier avec ton professeur ! -> appris
Il verra ce qu'il peut trouver sur place. -> avisera sur place
Je ne vois aucune solution. -> trouve

Mettre

Jean a mis de l'argent de côté. -> a économisé
Paul a mis ses jouets dans le coffre. -> rangé
Vous devez mettre votre nom ici. -> écrire
Les candidats mettent leur CV sur Internet -> diffusent

Dire

Ils disent que vous auriez menti. -> prétendent
Jacques dit que ça s'est passé dimanche. -> soutient
Le Président a dit qu'il ferait le maximum. -> déclaré
Le Président a dit qu'il aurait pu faire mieux. -> reconnu

Dans le même esprit, le mot juste, le synonyme adéquat, doit toujours être préféré à la répétition ou l'à peu près... N'hésitez pas à utiliser le dictionnaire ou la fonction « synonymes » de votre traitement de texte, tout en gardant à l'esprit que chaque mot a ses nuances propres : on ne remplace pas automatiquement un mot par son synonyme sans réfléchir un peu !

En effet, rien de pire que d'employer un mot pour un autre ! Et, dans certaines cas, la confusion est vite venue. Certains mots se prononcent de la même façon mais s'écrivent différemment : les homonymes. D'autres se ressemblent étrangement : les paronymes. Et d'autres ne sont pas synonymes, alors qu'on pourrait penser qu'ils le sont.... Petite revue des bévues les plus courantes :

- Abréger – abroger
- Acquis – aquit
- Adhérence – adhésion
- Air – aire
- Allocution – allocation
- Alternance – alternative
- Amande – amende
- Attention – intention

SUITE

- Auspice – hospice
- Bailler – bâiller – bayer
- Censé – sensé
- Cession – session
- Collègue – confrère
- Collision – collusion
- Conjoncture – conjecture
- Continuation – continuité
- Cote – cotte – côte
- Cour – cours – court
- Découpler – décupler
- Différend – différent
- Élucider – éluder
- Éminent – imminent – immanent
- Empreint – emprunt
- Étalage – étalement
- Évoquer – invoquer
- Fond – fonds – fonts
- Magister – magistère
- Mandant – mandataire
- Pair – paire
- Palier – pallier
- Partial – partiel
- Prééminence – proéminence
- Prescription – proscription
- Prolifique – prolixe
- Prolonger – proroger
- Recouvrer – recouvrir
- Résigner – résilier
- Voir – voire

Pas de fautes !

Ce n'est pas l'objectif de ce livre, mais il faut rappeler que la première des règles, en matière d'écriture, est de respecter les règles, notamment celles concernant la syntaxe, la grammaire et l'orthographe. Les fautes ralentissent la lecture et ajoutent à la difficulté de compréhension.

Ainsi, sur le site d'une agence de communication, spécialisée dans la fourniture de contenu rédactionnel pour les sites Internet, nous tombons sur ce paragraphe, le dernier d'une interview de la fondatrice de l'agence en question :

« Nous nous distinguons par notre démarche. Une rédactrice en chef ayant plus de 25 ans d'expérience du journalisme et de la communication, un secrétariat de rédaction issu de la presse et de l'édition, une compréhension globale des enjeux croisés du marketing, de la communication, de la vente et d'Internet… nous permettent de fournir à nos clients une conception pertinente et un contenu de qualité à la fois en termes de substance qu'en termes de mise en forme. »

Les cordonniers sont les plus mal chaussés, parait-il, mais voilà que, malchance, ce témoignage se termine par une faute de syntaxe, doublée d'une lourdeur stylistique. Il aurait fallu écrire : « à la fois en termes de substance et de mise en forme » ou « autant en termes de substance que de mise en forme »… Non ?

Exercices

1 Retrouvez les mots français qui correspondent à ces anglicismes

- teenager
- coach
- hacker
- job
- pipe-line
- pressing
- show
- businessman
- turnover
- webmaster

2 Repérez dans ce texte toutes les erreurs au regard de ce qui est expliqué dans ce chapitre

La profitabilisation des success-stories est avant tout une affaire d'editing. Rien d'abracadabrantesque, mais un savoir-faire qui met en avant le parcours, l'ambition, la chance, la personnalité des VIP concernés. C'est une question de marketing. La captation du lecteur ne doit sa réussite qu'à son immédiateté. Le portrait doit évidemment être bien visible sur la couverture. Et le titre, aussi accrocheur que possible, révèle le trait saillant du parcours. Ni la tranche, ni la quatrième ne doivent être laissées au hasard. Le rédactionnel contribuant à dégager les valeurs essentielles, intéressant tous les champs de l´existence, la personne dans son intimité devient naturellement un système addictif. C'est le prix de la rentabilité.

3 Remplacez le verbe en italique par un synonyme dans les phrases suivantes

a – Pouvez-vous *faire* ce rapport pour dans un mois ?

b – Nos habitués *font* leurs commandes par Internet.

c – Les citoyens *mettent* l'environnement en tête de leurs préoccupations.

SUITE

d – Vous pouvez *mettre* ces catalogues dans nos agences.

e – Le président de l'association *a* une grande influence.

f – Vous *verrez* avec ma secrétaire pour les détails.

g – Vous *êtes* dans nos fichiers.

4 **Un mot pour un autre : dans les phrases suivantes, certains mots sont employés à la place d'un autre. Repérez ces erreurs.**

Par acquis de conscience, l'homme prit l'aire pendant que ses paires dépensaient les fonts : après la session de l'auspice, ils risquaient une amande.

Face à une telle alternance, il fallait que le président close son élocution sur une note d'espoir, et il dit : « Il faudra éluder cette affaire. Le mandant de M. Cheval aplanira ce différent. »

Son adhérence est des plus sûres, d'ailleurs, il est pour abréger la peine de mort.

Corrigés

Exercice 1

- teenager : adolescent
- coach : entraîneur
- hacker : pirate
- job : boulot
- pipe-line : oléoduc
- pressing : teinturerie
- show : spectacle
- businessman : homme d'affaires
- turnover : chiffre d'affaires
- webmaster : administrateur de site

Exercice 2

La *profitabilisation* des *success-stories* est avant tout une affaire d'*editing*. Rien d'*abracadabrantesque*, mais un savoir-faire qui met en avant le parcours, l'ambition, la chance, la personnalité des *VIP* concernés. C'est une question de marketing. La *captation* du lecteur ne doit sa réussite qu'à son *immédiateté*. Le portrait doit évidemment être bien visible sur la couverture. Et le titre, aussi accrocheur que possible, révèle le trait saillant du parcours. Ni la *tranche*, ni la *quatrième* ne doivent être laissées au hasard. *Le rédactionnel contribuant à dégager les valeurs essentielles, intéressant tous les champs de l'existence, la personne dans son intimité devient naturellement un système addictif*. C'est le prix de la rentabilité.

Quel galimatias ! Voici quelques points qui ne vous auront sans doute pas échappé :

- Profitabilisation ne se dit pas plus que profitabilité, mais on écrit rentabilité, et, par voie de conséquence, rentabilisation.
- Success-stories et editing sont évidemment des anglicismes à éviter.
- Abracadabrantesque, un néologisme douteux.
- VIP, un sigle et un anglicisme (*Very Important Person*).
- Captation : un mot correct, mais, comme immédiateté, que l'on aura tout intérêt à remplacer par un autre. La phrase peut devenir : Séduire le lecteur, c'est le séduire tout de suite.
- Tranche et quatrième sont du jargon de l'édition... Ces termes devraient être expliqués si l'on s'adresse au grand public.
- *Le rédactionnel contribuant à dégager les valeurs essentielles, intéressant tous les champs de l'existence, la personne dans son intimité devient naturellement une système addictif* : c'est le modèle même du jargon technocratique.
- Addictif : un néologisme fondé sur l'anglais *addictive* (qui crée une dépendance).
- Comptez le nombre de fois où le verbe « devoir » est utilisé, ne peut-on pas le remplacer ici ou là par un synonyme ?

Ouf ! Pourvu que l'on échappe à tout cela lorsqu'on écrit !

Exercice 3

a terminer ; b passent ; c placent ; d distribuer ; e exerce ; f examinerez ; g figurez.

Exercice 4

Par *acquit* de conscience, l'homme prit l'*air* pendant que ses *pairs* dépensaient les *fonds* : après la *cession* de l'*hospice*, ils risquaient une *amende*.

Face à une telle *alternative*, il fallait que le président termine son *allocution* sur une note d'espoir, et il dit : « Il faudra *élucider* cette affaire. Le *mandataire* de M. Cheval aplanira ce *différend*. »

Son *adhésion* est des plus sûres, d'ailleurs, il est pour *abroger* la peine de mort.

FIN

2. Plus c'est court, plus c'est bon

Renoncer absolument aux phrases longues, qu'on devine plutôt qu'on ne les lit.
Jules Renard, *Journal*.

Ayons moins de noms, de verbes et d'adjectifs aux sens presque insaisissables, mais plus de phrases différentes, diversement construites, ingénieusement coupées, pleines de sonorités et de rythmes savants. Efforçons-nous d'être des stylistes excellents plutôt que les collectionneurs de termes rares...
Guy de Maupassant, préface à *Pierre et Jean*.

L'OBJECTIF

Apprendre à faire court

Vous avez sans doute remarqué comme la tendance naturelle est de tout raccourcir. En ce qui concerne la langue, en tout cas. Le Frigidaire est devenu le frigo, le métropolitain, le métro... On gagne à faire court, sur Internet en particulier où le temps semble encore plus qu'ailleurs compté pour le lecteur. Ainsi, sans sacrifier son niveau de langue pour causer comme on le ferait dans la rue, on peut le plus souvent employer usage pour utilisation, avant pour antérieurement, assez pour suffisant, choisir pour sélectionner, toujours pour constamment... C'est facile, et efficace.

En effet, quel que soit le support, la compréhension et la mémorisation d'un texte sont conditionnées par sa longueur. Pour être lisible il faut donc privilégier les phrases courtes (de 12 à 20 mots maximum) et ne pas abuser des mots de plus de deux ou trois syllabes.

D'autant qu'il est généralement admis que la lecture sur écran demanderait 25 % de temps de plus qu'une lecture sur papier. Compte tenu de la tendance du lecteur à scanner visuellement un texte sur écran plus qu'à le lire du début jusqu'à la fin, le volume d'un texte en ligne devrait donc être moitié moindre que celui d'un texte sur papier pour être assimilé aussi facilement. Sur le Web, il faut dans la mesure du possible aller à l'essentiel, ne pas perdre le lecteur dans des digressions sans fin, bref, répondre à une demande consumériste. Si l'internaute recherche de l'info, c'est de l'info qu'il faut lui donner ! La brièveté doit s'accompagner d'un effort de concision générale à l'échelle du texte : toujours éviter le remplissage, même s'il est tentant de montrer qu'on a beaucoup travaillé en produisant des textes longs : « Regardez tout ce que j'ai écrit, cela prouve que j'ai beaucoup travaillé ! »

Les règles à suivre sont simples :

- Éliminer les redondances : pas la peine de dire trois fois la même chose.
- Préférer le mot juste à la périphrase emberlificotée : mieux vaut souvent dire bleu que « de la couleur d'un ciel d'été », surtout dans un cadre professionnel « standard ».
- Préférer les constructions simples et dynamiques, sans tomber dans le travers du style télégraphique.

Néanmoins, n'écrire un texte qu'avec des phrases courtes produirait un effet pervers : la monotonie. S'il importe que vos phrases ne fassent jamais plus de vingt mots, variez autant que possible le rythme pour maintenir l'attention du lecteur. Le résultat n'en sera que meilleur !

Frissons garantis ! Les amateurs de sensations fortes sont gâtés. Après le Katapult et le Banzaï, deux nouveautés issues de l'imagination débridée de constructeurs allemands et néerlandais font déjà parler d'elles.

C'est d'abord « le Chalut ». Originaire d'outre-Rhin, l'attraction se compose d'une nacelle qui vous emmène à trente-huit mètres de haut. Embrassez le panorama d'un rapide coup d'œil et hop ! Vous voilà jeté dans le vide sans élastique, ni harnais ! Heureusement, les forains vous attendent en bas avec un filet, évitant ainsi un retour sur le plancher des vaches trop terre à terre...

La deuxième attraction, elle, vient des Pays-Bas. Pas très imposante à première vue, elle fera le « Maxximum ». Prêt à prendre de la hauteur dans une nacelle arrimée à un bras articulé qui s'élève à 50 mètres ? Quand ce bras fait tourner la nacelle à 360 degrés, l'estomac se retrouve dans les talons. On en perd la tête et le cœur... Ouf ! Pour monter dans cet engin de la mort, mieux vaut être doté d'une solide constitution.

SUITE

Voilà un texte dynamique. Les phrases sont variées : la plus courte ne fait qu'un mot (« Ouf ! »), la plus longue vingt et un… L'usage des points d'exclamation, de l'interrogation, des phrases nominales donne du rythme à l'ensemble, implique le lecteur. En seulement mille signes, on a les informations essentielles sur les nouvelles attractions de la foire, comme si on y était !

En mille signes, oui, puisque telle est généralement l'unité de mesure des textes. Les signes se comptent espaces compris. Et l'on parlera souvent en feuillets. Un feuillet, dans ce cadre, fait mille cinq cents signes. C'est l'unité de mesure utilisée en journalisme et dans l'édition.

Les paragraphes eux aussi doivent être courts. Un texte constitué d'un seul et unique paragraphe est particulièrement fatigant à lire. C'est vrai sur papier, ça l'est encore plus à l'écran, où l'on doit souvent faire défiler verticalement le contenu de la page pour lire le contenu dans son intégralité. Les sauts de ligne entre les paragraphes sont autant de repères qui permettent de situer où l'on en est dans sa lecture. Attention, cependant, un texte constitué de paragraphes trop courts n'offre pas de meilleurs repères : comment se situer dans une succession de blocs de deux lignes ? Il faut donc, comme pour les phrases, varier la longueur, en s'assurant, si possible, qu'un paragraphe sera toujours affichable dans son intégralité sur une page écran.

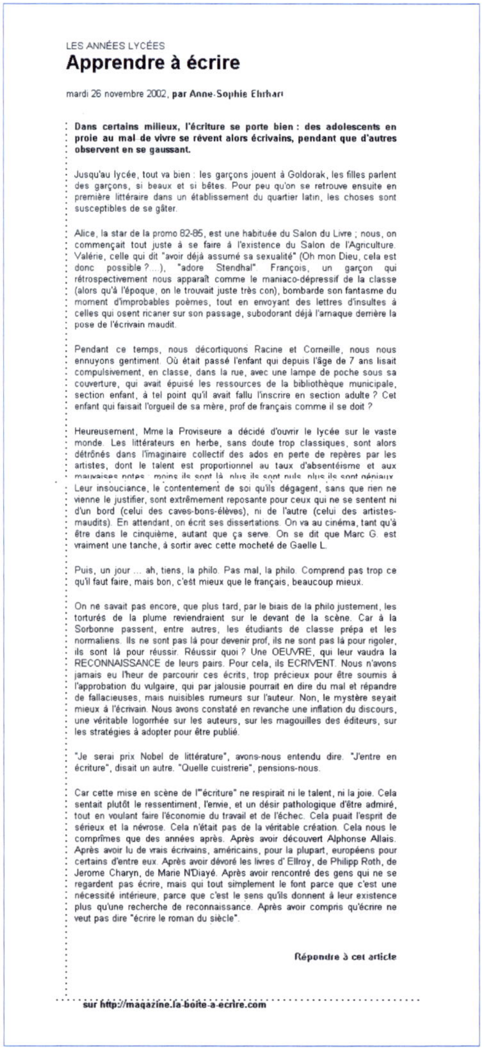

LES ANNÉES LYCÉES

Apprendre à écrire

mardi 26 novembre 2002, **par Anne-Sophie Ehrhart**

Dans certains milieux, l'écriture se porte bien : des adolescents en proie au mal de vivre se rêvent alors écrivains, pendant que d'autres observent en se gaussant.

Jusqu'au lycée, tout va bien : les garçons jouent à Goldorak, les filles parlent des garçons, si beaux et si bêtes. Pour peu qu'on se retrouve ensuite en première littéraire dans un établissement du quartier latin, les choses sont susceptibles de se gâter.

Alice, la star de la promo 82-85, est une habituée du Salon du Livre ; nous, on commençait tout juste à se faire à l'existence du Salon de l'Agriculture. Valérie, celle qui dit "avoir déjà assumé sa sexualité" (Oh mon Dieu, cela est donc possible ?....), "adore Stendhal". François, un garçon qui rétrospectivement nous apparaît comme le maniaco-dépressif de la classe (alors qu'à l'époque, on le trouvait juste très con), bombarde son fantasme du moment d'improbables poèmes, tout en envoyant des lettres d'insultes à celles qui osent ricaner sur son passage, subodorant déjà l'arnaque derrière la pose de l'écrivain maudit.

Pendant ce temps, nous décortiquons Racine et Corneille, nous nous ennuyons gentiment. Où était passé l'enfant qui depuis l'âge de 7 ans lisait compulsivement, en classe, dans la rue, avec une lampe de poche sous sa couverture, qui avait épuisé les ressources de la bibliothèque municipale, section enfant, à tel point qu'il avait fallu l'inscrire en section adulte ? Cet enfant qui faisait l'orgueil de sa mère, prof de français comme il se doit ?

Heureusement, Mme la Proviseure a décidé d'ouvrir le lycée sur le vaste monde. Les littérateurs en herbe, sans doute trop classiques, sont alors détrônés dans l'imaginaire collectif des ados en perte de repères par les artistes, dont le talent est proportionnel au taux d'absentéisme et aux mauvaises notes : moins ils sont là, plus ils sont nuls, plus ils sont géniaux. Leur insouciance, le contentement de soi qu'ils dégagent, sans que rien ne vienne le justifier, sont extrêmement reposante pour ceux qui ne se sentent ni d'un bord (celui des caves-bons-élèves), ni de l'autre (celui des artistes-maudits). En attendant, on écrit ses dissertations. On va au cinéma, tant qu'à être dans le cinquième, autant que ça serve. On se dit que Marc G. est vraiment une tanche, à sortir avec cette mocheté de Gaelle L.

Puis, un jour ... ah, tiens, la philo. Pas mal, la philo. Comprend pas trop ce qu'il faut faire, mais bon, c'est mieux que le français, beaucoup mieux.

On ne savait pas encore, que plus tard, par le biais de la philo justement, les torturés de la plume reviendraient sur le devant de la scène. Car à la Sorbonne passent, entre autres, les étudiants de classe prépa et les normaliens. Ils ne sont pas là pour devenir prof, ils ne sont pas là pour rigoler, ils sont là pour réussir. Réussir quoi ? Une OEUVRE, qui leur vaudra la RECONNAISSANCE de leurs pairs. Pour cela, ils ECRIVENT. Nous n'avons jamais eu l'heur de parcourir ces écrits, trop précieux pour être soumis à l'approbation du vulgaire, qui par jalousie pourrait en dire du mal et répandre de fallacieuses, mais nuisibles rumeurs sur l'auteur. Non, le mystère seyait mieux à l'écrivain. Nous avons constaté en revanche une inflation du discours, une véritable logorrhée sur les auteurs, sur les magouilles des éditeurs, sur les stratégies à adopter pour être publié.

"Je serai prix Nobel de littérature", avons-nous entendu dire. "J'entre en écriture", disait un autre. "Quelle cuistrerie", pensions-nous.

Car cette mise en scène de l'"écriture" ne respirait ni le talent, ni la joie. Cela sentait plutôt le ressentiment, l'envie, et un désir pathologique d'être admiré, tout en voulant faire l'économie du travail et de l'échec. Cela puait l'esprit de sérieux et la névrose. Cela n'était pas de la véritable création. Cela nous le comprîmes que des années après. Après avoir découvert Alphonse Allais. Après avoir lu de vrais écrivains, américains, pour la plupart, européens pour certains d'entre eux. Après avoir dévoré les livres d' Ellroy, de Philipp Roth, de Jerome Charyn, de Marie N'Diayé. Après avoir rencontré des gens qui ne se regardent pas écrire, mais qui tout simplement le font parce que c'est une nécessité intérieure, parce que c'est le sens qu'ils donnent à leur existence plus qu'une recherche de reconnaissance. Après avoir compris qu'écrire ne veut pas dire "écrire le roman du siècle".

Répondre à cet article

sur http://magazine.la-boite-a-ecrire.com

Dans cet article, publié en ligne, les paragraphes longs sont entrecoupés de paragraphes courts, qui facilitent la lecture.

Sur Internet, il arrive très fréquemment que les textes soient calibrés : la mise en page du site n'autorise pas toujours des textes d'une longueur qui différerait trop d'un écran à l'autre. Il faut, évidemment, respecter ces calibrages.

Néanmoins, tous les sujets ne se prêtent pas à un traitement sous forme de textes courts. Parfois, la longueur s'impose. Notez d'autre part qu'une des fonctions avancées les plus utiles dans un navigateur est la fonction « Recherche ». Lorsqu'on divise l'information en plusieurs pages cette fonction devient quasi inutile. Au mieux, le site lui-même propose une fonction de recherche, mais ce n'est pas forcément le cas. Aussi, si votre contenu ne peut se passer de ce type de fonctionnalité, il faudra y penser au moment de la conception.

Ces handicaps peuvent se contourner en suivant quelques conseils qui faciliteront la lecture des textes longs. Ces conseils, développés dans les chapitres suivants, vous permettront de rendre vos textes plus lisibles. Ils valent, évidemment, aussi pour les textes courts. Vous pouvez également vous reporter à l'exercice 14 qui détaille un certain nombre d'éléments qui facilitent la lecture des textes longs.

L'avis de Philippe Baret, rédacteur en chef des sites vie-publique.fr et service-public.fr

« Mieux vaut aujourd'hui publier court pour être lu dans un contexte d'accumulation et de difficulté d'accès à l'information. Mais rien n'empêche de publier long en version imprimable. Un gros travail sur le design graphique (moins de liens, typographie spécifique...) est nécessaire pour faciliter la lecture à l'écran. »

Gros plan sur... les pléonasmes redondants (*sic*)

Une façon simple de faire long alors qu'on pourrait faire court, de faire compliqué alors qu'on pourrait faire simple : l'usage du pléonasme. Que celui qui n'a jamais péché lance le premier dictionnaire ! Ils sont pourtant faciles à éviter, si l'on prend l'habitude de les chercher : lisez plutôt.

Achever complètement
Actuellement en cours
Ainsi par exemple
Apparence extérieure
Applaudir des deux mains
Avoir un avenir prometteur devant soi
Après entretien préalable
Car en effet
Collaborer ensemble
Comparer ensemble

SUITE

La conjoncture actuelle	Monopole exclusif
Confronter mutuellement	Monter en haut
Se cotiser à plusieurs	Une fausse perruque
Dépêchez-vous vite	Des perspectives d'avenir
Devenir ensuite	Des phases successives
Différer à plus tard	Pouvoir peut-être
Un don gratuit	Un faux prétexte
Emmener avec soi	Prévoir à l'avance
Enfin pour conclure	Le principal protagoniste
S'entraider mutuellement	Une rafale de vent
Un hasard imprévu	Un bref résumé
Une illusion trompeuse	Réserver à l'avance
Importer de l'étranger	Se réunir ensemble
Un index alphabétique	Sortir dehors
Une petite maisonnette	Surprendre à l'improviste
Mais pourtant	Un tandem à deux places
Marcher à pied	Tous unanimes
Au grand maximum	Voire même...

Exercices

1 **Faites de chacune des phrases longues suivantes plusieurs phrases courtes.**

A. Ce petit livre, qui articule à peu près tous les grands combats actuels pour l'accès aux soins, pour le droit au logement et aux transports, pour la libre circulation de l'information et des œuvres, est aujourd'hui épuisé, introuvable (sauf, peut-être, à la librairie de Raoul à Ivry-sur-Seine dans le Val-de-Marne, où nous l'avions trouvé il y a un an et demi) et libre de droits.

B. C'est en tout cas la volonté d'Essilor, un fabricant français de verres de lunettes qui vient de prendre une participation de 10 millions de dollars dans Micro-Optical Corp. afin de développer cette technologie optique numérique : le mini-écran sera incrusté dans le verre et pourra être relié à un lecteur multimédia ou un téléphone par l'intermédiaire d'une liaison radio type BlueTooth afin d'éviter tout câble.

C. La chasse au ragondin passe un peu pour une chasse de raccroc, car nous la pratiquons un peu comme bouche-trou, c'est-à-dire quand il n'y a rien d'autre (quand l'équipage mobilisé se déplace pour faire une chasse au renard ou au blaireau et que l'on constate que les garennes sont vides, cela arrive souvent au moment où les petits renards quittent le terrier), il nous arrive assez souvent de meubler la sortie par une chasse au ragondin puisque cet animal devenu très répandu dans la région est facile à localiser quand la saison devient plus sèche.

2 **Pour se rendre compte de l'intérêt des paragraphes, rien de tel que d'essayer de les retrouver dans un texte duquel ils ont été supprimés. À vous de séparer le texte suivant en quatre paragraphes, donc.**

Qu'une technique subisse des destins différents selon les cultures, voilà qui nous étonne à première vue. Ne vivons-nous pas à l'heure d'une mondialisation généralisée des techniques ? D'une certaine standardisation des modes de vie ? Il faut pourtant rappeler avec Philippe Breton et Serge Proulx que « *l'existence de procédé technique n'est en rien une condition suffisante de son développement social [...]. Il lui faut des conditions sociales, culturelles et économiques propres* ». De fait, et contrairement à ce qui s'est passé en Occident, l'imprimerie s'est révélée être, en Chine, un puissant facteur de continuité et d'immobilisme politique. En effet, elle a non seulement renforcé la diffusion des grands textes de la tradition classique, mais elle a également permis d'élargir le cercle de recrutement des mandarins. Pourtant, les grandes étapes qui auraient pu conduire la Chine vers la conception d'une imprimerie moderne avaient été franchies assez tôt. Entre le Ier et le IIIe siècles, le papier est inventé. Au VIIIe siècle, la xylographie, procédé à base de planches en bois gravées en relief, est mise au point. Dès le XIe siècle, enfin, le principe de l'impression à caractères mobiles, en glaise ou en bois, est découvert. Autant dire, toujours selon Breton et Proulx, que, pour développer l'imprimerie dans l'Empire du Milieu il aurait fallu « *un appel de la société chinoise auquel son système de valeurs, élitiste et traditionaliste, ne la prédisposait pas* ».

René TREGOUET, Rapport sur les NTIC, « La pyramide des Pouvoirs et les Réseaux de Savoirs », publié le 8 Avril 1998.

3 **Arriverez-vous à repérer tous les pléonasmes de ce « texte écrit » ?**

Les phases successives de la journée pourraient peut-être offrir des perspectives d'avenir imprévues. J'ai complètement fini de manger avant de sortir dehors. Je quittais la petite maisonnette en pensant mentalement à la conjoncture actuelle. Au jour d'aujourd'hui, tout pouvait s'avérer vrai. Il fallait d'abord commencer par mettre fin au statu

SUITE

> quo actuel. Mais pourtant, je pouvais différer à une date ultérieure la mise à jour de mes faux prétextes : un consensus commun pouvait se dégager.

Corrigés

Exercice 1

Évidemment, il n'y a pas UNE solution idéale, les corrigés suivants sont des exemples de ce qu'il est possible d'écrire. Mais peut-être avez-vous fait mieux.

A. Ce petit livre traite de tous les grands combats actuels : accès aux soins, droit au logement et aux transports, libre circulation de l'information et des œuvres. Il est aujourd'hui épuisé, libre de droits et introuvable. Même si nous l'avons trouvé, il y a un an et demi, à la librairie de Raoul à Ivry-sur-Seine, dans le Val-de-Marne.

B. Telle est la volonté d'Essilor. Le fabricant français de verres de lunettes vient de prendre une participation de 10 millions de dollars dans Micro-Optical Corp. L'objectif ? Développer cette technologie optique numérique. Le mini-écran sera incrusté dans le verre et pourra être relié à un lecteur multimédia ou un téléphone par l'intermédiaire d'une liaison radio type BlueTooth afin d'éviter tout câble.

C. La chasse au ragondin passe un peu pour une chasse de raccroc. Nous la pratiquons un peu comme bouche-trou, c'est-à-dire quand il n'y a rien d'autre. Souvent l'équipage mobilisé se déplace pour faire une chasse au renard ou au blaireau et l'on constate que les garennes sont vides. Cela arrive souvent au moment où les petits renards quittent le terrier. Il nous arrive alors assez souvent de meubler la sortie par une chasse au ragondin. D'autant que cet animal est devenu très répandu dans la région : il est facile à localiser quand la saison devient plus sèche.

Exercice 2

Voici la mise en forme correcte du texte :

> Qu'une technique subisse des destins différents selon les cultures, voilà qui nous étonne à première vue. Ne vivons-nous pas à l'heure d'une

mondialisation généralisée des techniques ? D'une certaine standardisation des modes de vie ? Il faut pourtant rappeler avec Philippe Breton et Serge Proulx que « *l'existence de procédé technique n'est en rien une condition suffisante de son développement social [...]. Il lui faut des conditions sociales, culturelles et économiques propres* ».

De fait, et contrairement à ce qui s'est passé en Occident, l'imprimerie s'est révélée être, en Chine, un puissant facteur de continuité et d'immobilisme politique. En effet, elle a non seulement renforcé la diffusion des grands textes de la tradition classique, mais elle a également permis d'élargir le cercle de recrutement des mandarins.

Pourtant, les grandes étapes qui auraient pu conduire la Chine vers la conception d'une imprimerie moderne avaient été franchies assez tôt. Entre le Ier et le IIIe siècle le papier est inventé. Au VIIIe siècle, la xylographie, procédé à base de planches en bois gravées en relief, est mise au point. Dès le XIe siècle, enfin, le principe de l'impression à caractères mobiles, en glaise ou en bois, est découvert.

Autant dire, toujours selon Breton et Proulx, que, pour développer l'imprimerie dans l'Empire du Milieu il aurait fallu « *un appel de la société chinoise auquel son système de valeurs, élitiste et traditionaliste, ne la prédisposait pas* ».

Exercice 3

Les phases successives de la journée pourraient peut-être offrir des perspectives d'avenir imprévues. J'ai complètement fini de manger avant de sortir dehors. Je quittais la petite maisonnette en pensant mentalement à la conjoncture actuelle. Au jour d'aujourd'hui, tout pouvait s'avérer vrai. Il fallait d'abord commencer par mettre fin au statu quo actuel. Mais pourtant, je pouvais différer à une date ultérieure la mise à jour de mes faux prétextes : un consensus commun pouvait se dégager.

3. Le bon plan

Trouver n'est rien, c'est le plan qui est difficile.

Fiodor Dostoïevski

L'OBJECTIF

Organiser l'information pour faciliter la lecture

Ce n'est pas le tout de savoir faire des phrases, ni même de les laisser se suivre en cascade au fil des paragraphes. Pour bien écrire, et donc être bien lu, encore faut-il que le plan de vos discours tienne le lecteur par la main, du début à la fin de votre texte ! Alors, quel plan choisir ?

Tout d'abord, pour organiser un plan, il faut répertorier l'ensemble des choses que l'on aura à écrire, puis les trier, et enfin les classer en grandes parties. Si des plans types peuvent servir de modèle, aucun ne s'appliquera mécaniquement à ce que vous aurez à dire en particulier. Reste une grande règle : vos parties, et leurs subdivisions, doivent être articulées les unes aux autres de manière logique, soit en utilisant des termes charnières, soit en mettant en place des phrases de transition. La présence de ces phrases ou mots charnières est impossible lorsque votre texte est séparé en plusieurs parties accessibles isolément à l'aide de l'hypertexte. On ne sait alors pas dans quel sens le lecteur va lire les différentes parties. Il faut en tenir compte lors de la rédaction des textes en question. Il n'y a plus d'ordre, donc, et cet effet doit être contrebalancé par une très grande rigueur dans le choix du découpage de votre texte : chaque partie doit être totalement autonome, et l'ensemble donner une vue générale du sujet abordé. Vous ne pouvez notamment pas faire référence dans une partie à quelque chose qui serait dit dans une autre partie sans considérer que le lecteur ne l'a peut-être pas encore lu. Il faut donc se relire attentivement, et voir en chaque partie de son texte un élément indépendant du reste. L'exercice réclame beaucoup de recul sur ce qu'on est en train d'écrire.

Dans le cadre d'un article publié d'un bloc, le Web, du fait des contraintes spécifiques qu'il impose, tend à faire prévaloir un type de plan particulier : celui utilisé par les journalistes dans la presse. Oubliez la sacro-sainte trilogie thèse, antithèse, synthèse. Il s'agit avant tout de retenir l'attention d'un lecteur non captif, qui fera vraisemblablement une lecture partielle du texte. Il n'attendra sans doute pas d'arriver à la synthèse pour savoir ce que vous pensez... C'est pourquoi, en matière de plan, on privilégie le principe de la pyramide inversée qui consiste à aller du plus important au moins important. Il ne s'agit pas de faire naître l'intérêt du lecteur progressivement : il faut au contraire lui donner le plus rapidement possible une idée précise du contenu de la page, puis de lui proposer les détails. Il décidera alors de continuer ou de passer son chemin.

Le principe de la pyramide inversée est applicable à la totalité de la structure du texte. Même en matière de relation d'un événement, on partira du fait pour remonter à ses causes. On ira de l'actualité pour expliquer ses raisons historiques. Quoi qu'il s'agisse d'expliquer, on tâchera de montrer les conséquences, puis les causes.

Cette logique s'applique également aux paragraphes : la première phrase énonce l'idée importante, puis elle est développée et/ou commentée dans les phrases suivantes.

Ainsi, en ne lisant que le début de l'article puis la première phrase de chaque paragraphe, le lecteur repère toutes les idées importantes et se fait rapidement une idée précise du contenu du texte. On peut aller plus loin encore et placer les mots les plus importants en début de phrase. Ainsi, au lieu d'écrire :

> *Cette méthode est connue sous le nom d'« entonnoir » et permet de garantir un traitement complet de l'information, en conformité avec les exigences journalistiques.*

On écrira plutôt :

> *Cette méthode garantit un traitement complet de l'information, en conformité avec les exigences journalistiques. Elle est connue sous le nom d'« entonnoir ».*

Notez, au passage, que d'une phrase un peu longue, nous n'avons pas su résister au plaisir d'en faire deux...

Dans le cadre de leurs articles, les journalistes donnent le plus vite possible l'essentiel de l'information, et pour cela ils appliquent une règle simple. Il s'agit de répondre le plus clairement et le plus rapidement possible à cinq questions de base. On appelle parfois cette règle la règle des cinq W :

SUITE

- de **qui (who)** s'agit-il ?
- de **quoi (what)** s'agit-il ?
- **quand (when)** cela s'est-il passé ?
- **où (where)** cela s'est-il passé ?
- **pourquoi (why)** cela s'est-il passé ?

On peut, le cas échéant, ajouter la réponse à une sixième question : **comment** cela s'est-il passé ? Le plan type, respectant la pyramide inversée, veut donc que l'on commence par l'exposition des faits, « qui », « quand » et « où ». Puis on essaye de poser les questions « pourquoi » et « comment » afin d'analyser le sujet plus en profondeur.

Une fois que l'article répond à ces cinq (ou six) questions, normalement, toute l'information a été donnée. Et le plus souvent, on trouve, succinctement, la réponse à ces questions dès le chapeau de l'article. « Le reste n'est que littérature », pourrait-on presque dire...

Exercices

1 **Le texte suivant répond, dès son premier paragraphe à la règle des cinq W. Déterminez de qui il s'agit, de quoi, quand cela s'est passé, où et pourquoi.**

Alternative à la petite monnaie, la carte à puce Moneo ne fait pas l'unanimité. Alors qu'il arrive en région parisienne, ce système de paiement est l'objet de vives critiques : commerçants et associations de consommateurs lui reprochent son prix élevé.

2 **Réécrivez le texte suivant en plaçant les éléments les plus importants au début.**

Ayant acquis une réputation nationale, le Laboratoire de Rouen est aujourd'hui dans la cour des grands laboratoires internationaux soumis à une forte compétition en matière de recherche, de haute technicité et de nécessaires capacités d'investissement. Cette structure n'a plus vocation à être gérée par la Ville. Il faut aujourd'hui au Laboratoire une perspective (projet de développement et stratégie) qui va bien au-delà de ce que la Ville peut lui offrir. Face à ce constat, la décision a été prise de vendre le Laboratoire. Après étude des propositions, le choix s'est porté sur la société ETS. Le projet présenté en matière de maintien de l'éthique, d'indépendance et de projets de développement pour le site de Rouen a convaincu de la crédibilité de l'offre. La vente, effective à compter du 1er janvier prochain, permettra à la ville de financer d'autres grands projets à venir.

(sur *www.rouen.fr*)

3 **Réécrivez le texte suivant en plaçant les éléments les plus importants au début.**

Interview

Le multimédia deviendrait-il un nouvel art ? De plus en plus apparaissent dans le multimédia des OVNIS qui ne relèvent plus seulement des catégories classiques telles que le ludo-éducatif ou les jeux d'aventures et de simulation, mais proposent une nouvelle invitation au rêve et touchent toute la famille.

Oncle Ernest est à la fois un jeu d'aventures, un parcours géographique et historique, une plongée dans un univers fabuleux. Il passionne les enfants mais aussi leurs parents. Éric Viennot est un concepteur de cédéroms heureux. Il vient de sortir *L'Ile mystérieuse de l'oncle Ernest,* le troisième volume des aventures de cet aventurier fantasque qui entraîne les enfants dans d'étonnantes expéditions.

(D'après un article paru sur *www.fnac.com*)

Corrigés

Exercice 1

- Qui : la carte à puce Moneo.
- Quoi : elle ne fait pas l'unanimité.
- Quand : maintenant.
- Où : en région parisienne.
- Pourquoi : commerçants et associations de consommateurs lui reprochent son prix élevé.

SUITE

Exercice 2

Le Laboratoire de Rouen va être vendu par la ville. Certes, il a acquis une réputation nationale, mais il est aujourd'hui dans la cour des grands laboratoires internationaux soumis à une forte compétition en matière de recherche, de haute technicité et de nécessaires capacités d'investissement. Il faut aujourd'hui au Laboratoire une perspective (projet de développement et stratégie) qui va bien au-delà de ce que la Ville peut lui offrir. Face à ce constat, et après étude des propositions, le choix s'est porté sur la société ETS. Le projet présenté en matière de maintien de l'éthique, d'indépendance et de projets de développement pour le site de Rouen a convaincu de la crédibilité de l'offre. La vente, effective à compter du 1er janvier prochain, permettra à la ville de financer d'autres grands projets à venir.

Exercice 3

Interview

Éric Viennot vient de sortir *L'Ile mystérieuse de l'oncle Ernest,* le troisième volume des aventures de cet aventurier fantasque qui entraîne les enfants dans d'étonnantes expéditions. Voilà un concepteur de cédéroms heureux. *Oncle Ernest* est à la fois un jeu d'aventures, un parcours géographique et historique, une plongée dans un univers fabuleux. Il passionne les enfants mais aussi leurs parents.

De plus en plus apparaissent ainsi des OVNIS qui ne relèvent plus seulement des catégories classiques telles que le ludo-éducatif ou les jeux d'aventures et de simulation, mais proposent une nouvelle invitation au rêve et touchent toute la famille. Le multimédia deviendrait-il un nouvel art ?

(D'après un article paru sur *www.fnac.com*)

Formules de lisibilité

Une fois la vérification orthographique et grammaticale terminée, Microsoft Word peut afficher des informations relatives au niveau de lisibilité du document, en utilisant les formules suivantes, en fonction du nombre moyen de syllabes par mot et de mots par phrase.

Test de lisibilité Flesch

Évalue le document selon un barème de 0 à 100. Le document est d'autant plus facile à comprendre que l'indice est élevé. Pour la plupart des documents ordinaires, une moyenne d'environ 60 à 70 est conseillée.
La formule pour le test de lisibilité de Flesch est :
206.835 – (1.015 x ASL) – (84.6 x ASW)
où :
ASL = longueur moyenne des phrases (nombre de mots divisé par le nombre de phrases)
ASW = nombre moyen de syllabes par mot (nombre de syllabes divisé par le nombre de mots)

Niveau de qualité Flesch-Kincaid

Évalue le document par rapport au niveau d'études début du secondaire. L'indice 8 signifie, par exemple, que le document peut être compris par un élève ayant le niveau Brevet des collèges en France. Pour la plupart des documents ordinaires, une moyenne d'environ 7 à 8 est conseillée.
La formule du niveau de qualité Flesch-Kincaid est :
(.39 x ASL) + (11.8 x ASW) – 15.59
où :
ASL = longueur moyenne des phrases (nombre de mots divisé par le nombre de phrases)
ASW = nombre moyen de syllabes par mot (nombre de syllabes divisé par le nombre de mots)

4. Créer du lien

Les liens invisibles laissent les marques les plus profondes.
Isabelle Sorente

L'OBJECTIF

Apprendre à utiliser les liens hypertextes à bon escient

Le propre du Web est de permettre l'utilisation des liens hypertextes. En cliquant sur un mot, sur une image, un logo, le lecteur ouvre une nouvelle fenêtre, une nouvelle page sur laquelle il peut lire un nouveau texte, voir une nouvelle image. C'est l'usage de l'hypertexte, bien pensé, qui autorise une forme d'écriture nouvelle et, par là-même, une nouvelle forme de lecture, où le lecteur se fait acteur de son propre parcours.

Dans un premier temps, il convient de distinguer deux types de liens :

- les liens internes, qui renvoient vers une autre partie du site sur lequel on se trouve, ou vers une autre partie de la page que l'on lit. On retrouve ces liens dans les menus d'un site, à l'intérieur d'un texte découpé en différentes idées ;
- les liens externes, qui renvoient vers un site extérieur ou une adresse e-mail (possibilité d'envoyer un message via son logiciel de messagerie en un clic).

Attention : la multiplicité des liens hypertextes risque de perdre le lecteur. Il convient donc de les utiliser à bon escient. Les liens externes, en particulier, rendent le fil de la lecture complexe : on peut se retrouver en seulement quelques clics sur un site qui ne permettrait pas de revenir sur le site de base. Paradoxal alors que l'objectif est généralement de garder le plus longtemps possible l'internaute sur son propre site.

Une solution simple et efficace est d'ouvrir les liens internes dans la fenêtre du site et de n'ouvrir avec les liens externes que des fenêtres indépendantes. Ainsi, le site de départ reste toujours ouvert. Et il suffit de basculer d'une fenêtre à l'autre pour y revenir.

Mieux, pour ne pas interrompre le fil de la lecture de son propre texte, on aura le plus souvent intérêt à présenter les liens externes à la fin de celui-ci, comme on présenterait une bibliographie à la fin d'un livre ou d'un article papier. On évite de cette façon que le lecteur, au milieu d'une phrase, ne se mette à surfer de site en site : la lecture « zapping » a ses adeptes, mais une telle méthode nuit le plus souvent à votre message. N'oubliez pas que l'objectif, ici, est d'être lu !

L'hypertexte comme table des matières

L'usage des liens internes ne doit pas non plus se faire sans une vraie réflexion sur leur usage. Le plus évident est de les utiliser comme un sommaire pour les dossiers un peu longs que l'on scindera ainsi en autant d'unités aussi courtes qu'il sera nécessaire. C'est ainsi, par exemple, que sont conçus les dossiers thématiques que l'on trouve en ligne sur le site de la Fnac (www.fnac.fr).

SUITE

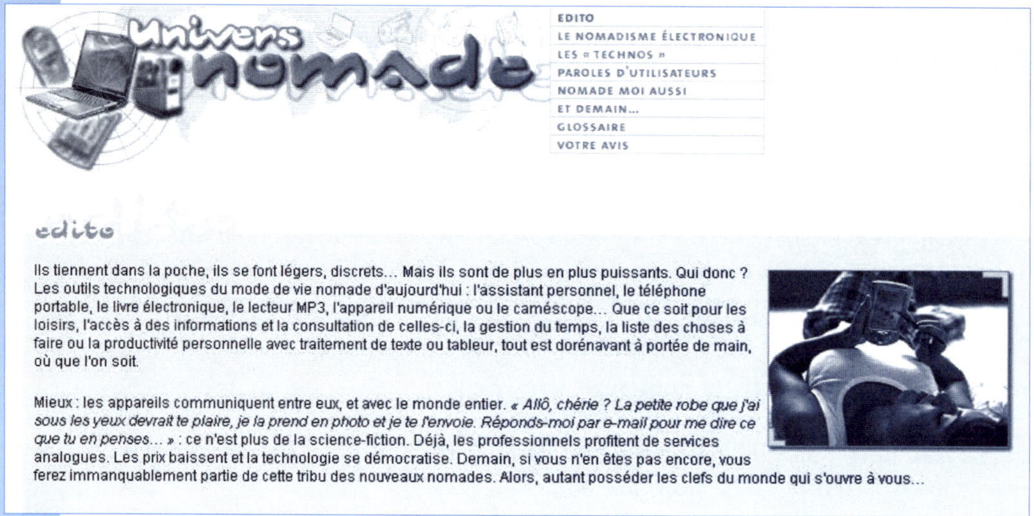
Univers nomade

EDITO
LE NOMADISME ÉLECTRONIQUE
LES « TECHNOS »
PAROLES D'UTILISATEURS
NOMADE MOI AUSSI
ET DEMAIN...
GLOSSAIRE
VOTRE AVIS

edito

Ils tiennent dans la poche, ils se font légers, discrets... Mais ils sont de plus en plus puissants. Qui donc ? Les outils technologiques du mode de vie nomade d'aujourd'hui : l'assistant personnel, le téléphone portable, le livre électronique, le lecteur MP3, l'appareil numérique ou le caméscope... Que ce soit pour les loisirs, l'accès à des informations et la consultation de celles-ci, la gestion du temps, la liste des choses à faire ou la productivité personnelle avec traitement de texte ou tableur, tout est dorénavant à portée de main, où que l'on soit.

Mieux : les appareils communiquent entre eux, et avec le monde entier. *« Allô, chérie ? La petite robe que j'ai sous les yeux devrait te plaire, je la prend en photo et je te l'envoie. Réponds-moi par e-mail pour me dire ce que tu en penses... »* : ce n'est plus de la science-fiction. Déjà, les professionnels profitent de services analogues. Les prix baissent et la technologie se démocratise. Demain, si vous n'en êtes pas encore, vous ferez immanquablement partie de cette tribu des nouveaux nomades. Alors, autant posséder les clefs du monde qui s'ouvre à vous...

Sur ce premier écran, le lecteur a droit à un texte court qui lui présente le contenu global du dossier. Pour naviguer dans les informations, il utilisera le sommaire présenté en haut à droite qui liste les différentes parties du texte (édito, le nomadisme électronique, les « technos », etc.). Ici, on ne perd pas le lecteur dans un flot d'informations, on commence par lui proposer le menu.

Univers nomade

EDITO
LE NOMADISME ÉLECTRONIQUE
LES « TECHNOS »
PAROLES D'UTILISATEURS
NOMADE MOI AUSSI
ET DEMAIN...
GLOSSAIRE
VOTRE AVIS

le nomadisme electronique

Remonter vingt ans en arrière, c'est faire un bond jusqu'à la préhistoire des technologies nomades. Tout commençait alors... Mais l'offre, comme la demande, a bien changé depuis.

Les temps ont changé... Et ce que l'on fait du temps aussi. Aujourd'hui, on passe en moyenne 9 heures par jour hors de son domicile. Et en 30 ans, les déplacements des Français ont augmenté de 40 % : le trajet moyen d'un individu a été multiplié par 5. La technologie est loin d'être ce qu'elle pouvait être alors. La mobilité est une réalité quotidienne, choisie, assumée ou subie. A mode de vie nomade, technologie nomade : ces temps de trajet sont loin d'être du temps perdu. Etre disponible en permanence, toujours disposer sur soi des informations dont on a besoin, de la musique que l'on souhaite écouter, des films que l'on a envie de voir, pouvoir même, où que l'on soit, se connecter à Internet : en à peine plus de vingt ans, la technologie s'est adaptée à l'évolution du mode de vie.

Le Walkman de Sony date de 1978. En 1980 sortent les premiers jeux vidéo portables de Nintendo : les Games & Watch. Le slogan publicitaire de l'époque était déjà : *« Jouez où vous voulez »*. Le téléphone portable a commencé à se répandre lui aussi dans le courant des années quatre-vingt. A partir de là, tout s'accélère... Dans les années quatre-vingt-dix, les cadres ont de plus en plus facilement bénéficié des capacités des ordinateurs portables, alors que, amplification du progrès oblige, les assistants personnels ont fait leur apparition. Dans le même temps la téléphonie mobile, signe extérieur de richesse, s'est autant banalisée que les consoles de jeux portables... Aujourd'hui, on assiste à une vraie mutation avec l'apparition d'appareils à tout faire : gérer son agenda, jouer, écouter de la musique, prendre des photos, téléphoner – évidemment –, mais aussi créer ses documents, surfer sur Internet... Et si on ne peut pas encore faire le café avec, on peut tout de même commander le meilleur arabica très facilement !

Lorsqu'il choisit une rubrique du dossier, ici « Le nomadisme électronique », le lecteur ne perd pas le fil de sa consultation : le menu est toujours disponible en haut de page et, à tout moment, on peut passer à une autre rubrique ou revenir à ce qu'on peut considérer comme la « page de garde » du dossier. Ce menu doit être considéré comme une sorte de « télécommande » qui facilite la lecture et la navigation. Sans elle, impossible de changer de chaîne, et de revenir à la mosaïque des programmes.

Il est bien entendu possible d'aller plus loin dans l'intégration des images que ne le fait l'éditeur du dossier précédent. Le lien texte-image, s'il est bien utilisé, permet en effet de visualiser d'un coup le contenu du dossier. Dans l'exemple présenté ici, on accède aux différentes parties du dossier en cliquant sur les zones entourées d'un cercle dans l'image. Notez au passage que, pour ne pas perdre l'internaute, les concepteurs du site utilisent simultanément une méthode par mots clefs qui donne accès facilement aux différentes rubriques. Ces mots clefs, ainsi présentés, sont repris sur les pages du dossier et remplissent le même rôle que le sommaire présenté dans l'exemple précédent. Une vignette, reprenant le dessin principal, permet à chaque instant de revenir à cette page d'accueil du dossier. La complémentarité texte-image est pleinement exploitée. (Cet exemple est tiré du site www.cemagref.fr)

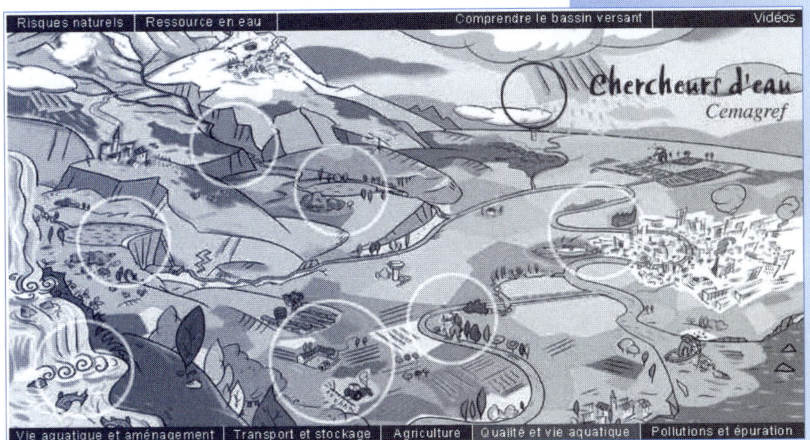

Les avantages de cette méthode sont nombreux : elle permet de présenter des contenus longs de manière courte (on divise le contenu en autant de « pages écran » qu'il est nécessaire). Le lecteur n'est jamais perdu. D'autant que l'on peut, sur le même modèle, proposer, au sein d'un article du menu, un nouveau menu, qui lui-même sera repris dans toutes les sous-parties qu'il contient. Dans ce cas, il ne faut pas oublier de toujours faire apparaître le menu principal.

Ce mode d'écriture, que l'on peut comparer aux poupées russes emboîtées les unes dans les autres, demande évidemment que l'information soit

SUITE

particulièrement hiérarchisée. Le travail d'organisation préalable doit être méthodique : c'est le prix à payer pour que, lors de la consultation, le lecteur se sente toujours à l'aise.

Pratiquement, il faudrait que le plan de chaque partie du dossier soit conforme avec le plan type tel que nous l'avons défini dans le chapitre précédent. À l'exception, évidemment, des parties qui contiendraient des listes, une bibliographie, un index, etc. Mais il y a un défaut à ce type de découpage de l'information : on ne crée pas de lien logique entre les différentes parties. On ne s'assure pas que le lecteur a lu telle partie avant d'accéder à telle autre. Cela nécessiterait que certaines parties ne soient pas accessibles depuis le menu principal mais seulement depuis une autre partie, qui serait alors une sorte de passage obligé pour obtenir plus d'information. Plus de télécommande, dans ce cas, mais un parcours progressif de liens en liens. Ce type d'écriture demande elle aussi une vraie rigueur d'organisation...

L'avis de Philippe Baret, rédacteur en chef des sites vie-publique.fr et service-Public.fr

Il est à mon sens préférable de ne pas déconcentrer le lecteur par des liens dans le corps du texte. Mieux vaut les placer dans un encadré ou en fin de texte.

Bien sûr, on peut imaginer de nombreux autres usages de l'hypertexte. Les artistes ne s'en privent pas, quitte à prendre le risque de perdre leurs lecteurs dans des textes qui se révèlent de véritables labyrinthes. Plus simplement, les définitions des mots compliqués d'un article peuvent s'afficher, selon la volonté du lecteur, dans une fenêtre qui s'ouvre en « pop up », c'est-à-dire une petite fenêtre qui vient se surexposer à la fenêtre principale et apporte un simple éclairage. C'est un niveau de lecture supplémentaire qui permet de s'adresser, simultanément, à deux types de lecteurs (ceux qui maîtrisent mal le langage utilisé, et qui auront besoin de cliquer, et les autres, qui n'auront pas besoin de ces liens hypertextes et pourront poursuivre leur lecture sans cliquer). En fait, on peut ainsi proposer toutes les informations optionnelles que l'on souhaite, sans noyer le lecteur de l'article principal sous un flot d'informations dont il n'aurait pas besoin.

Exercices

1 **Voici un dossier thématique paru tel quel sur le site www.palais-decouverte.fr. Quels commentaires vous inspire-t-il ? Quelles solutions pourriez-vous préconiser pour corriger ses défauts ?**

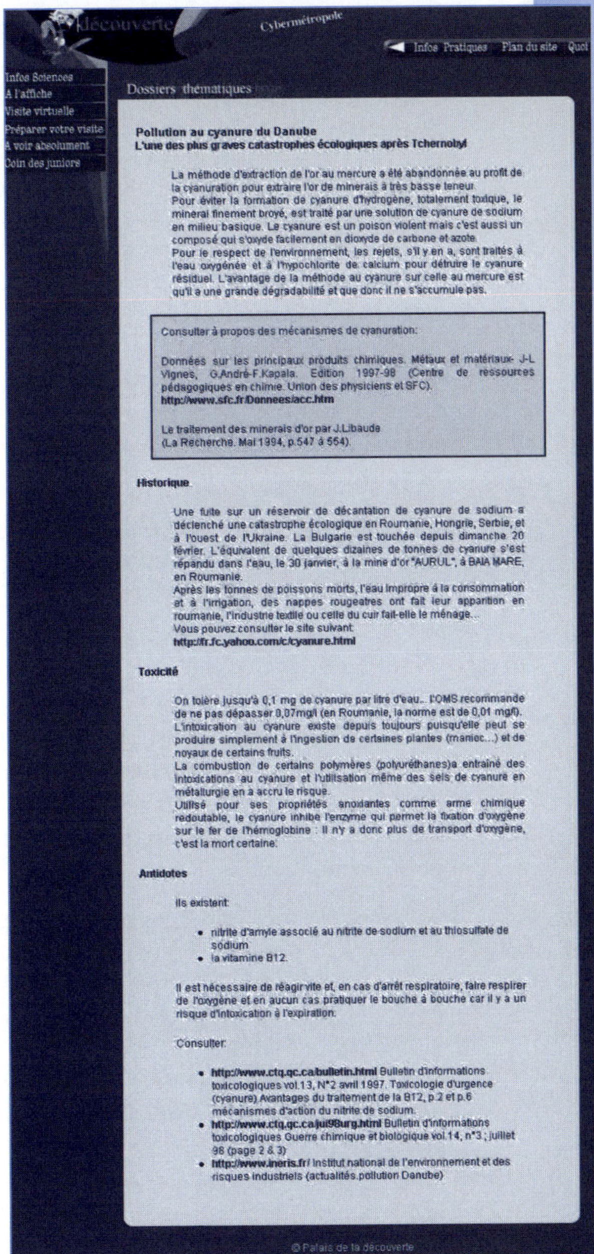

Pollution au cyanure du Danube
L'une des plus graves catastrophes écologiques après Tchernobyl

La méthode d'extraction de l'or au mercure a été abandonnée au profit de la cyanuration pour extraire l'or de minerais à très basse teneur.
Pour éviter la formation de cyanure d'hydrogène, totalement toxique, le mineral finement broyé, est traité par une solution de cyanure de sodium en milieu basique. Le cyanure est un poison violent mais c'est aussi un composé qui s'oxyde facilement en dioxyde de carbone et azote.
Pour le respect de l'environnement, les rejets, s'il y en a, sont traités à l'eau oxygénée et à l'hypochlorite de calcium pour détruire le cyanure résiduel. L'avantage de la méthode au cyanure sur celle au mercure est qu'il a une grande dégradabilité et que donc il ne s'accumule pas.

Consulter à propos des mécanismes de cyanuration:

Données sur les principaux produits chimiques. Métaux et matériaux- J-L Vignes, G.André-F.Kapala. Edition 1997-98 (Centre de ressources pédagogiques en chimie. Union des physiciens et SFC).
http://www.sfc.fr/Donnees/acc.htm

Le traitement des minerais d'or par J.Libaude
(La Recherche. Mai 1994, p.547 à 554).

Historique

Une fuite sur un réservoir de décantation de cyanure de sodium a déclenché une catastrophe écologique en Roumanie, Hongrie, Serbie, et à l'ouest de l'Ukraine. La Bulgarie est touchée depuis dimanche 20 février. L'équivalent de quelques dizaines de tonnes de cyanure s'est répandu dans l'eau, le 30 janvier, à la mine d'or "AURUL", à BAIA MARE, en Roumanie.
Après les tonnes de poissons morts, l'eau impropre à la consommation et à l'irrigation, des nappes rougeatres ont fait leur apparition en roumanie, l'industrie textile ou celle du cuir fait-elle le ménage...
Vous pouvez consulter le site suivant:
http://fr.fc.yahoo.com/c/cyanure.html

Toxicité

On tolère jusqu'à 0,1 mg de cyanure par litre d'eau... l'OMS recommande de ne pas dépasser 0,07mg/l (en Roumanie, la norme est de 0,01 mg/l).
L'intoxication au cyanure existe depuis toujours puisqu'elle peut se produire simplement à l'ingestion de certaines plantes (manioc...) et de noyaux de certains fruits.
La combustion de certains polymères (polyuréthanes)a entrainé des intoxications au cyanure et l'utilisation même des sels de cyanure en métallurgie en a accru le risque.
Utilisé pour ses propriétés anoxiantes comme arme chimique redoutable, le cyanure inhibe l'enzyme qui permet la fixation d'oxygène sur le fer de l'hémoglobine : il n'y a donc plus de transport d'oxygène, c'est la mort certaine.

Antidotes

Ils existent:

- nitrite d'amyle associé au nitrite de sodium et au thiosulfate de sodium
- la vitamine B12.

Il est nécessaire de réagir vite et, en cas d'arrêt respiratoire, faire respirer de l'oxygène et en aucun cas pratiquer le bouche à bouche car il y a un risque d'intoxication à l'expiration.

Consulter:

- **http://www.ctq.qc.ca/bulletin.html** Bulletin d'informations toxicologiques vol.13, N°2 avril 1997. Toxicologie d'urgence (cyanure) Avantages du traitement de la B12, p.2 et p.6 mécanismes d'action du nitrite de sodium.
- **http://www.ctq.qc.ca/jui98urg.html** Bulletin d'informations toxicologiques Guerre chimique et biologique vol.14, n°3 ; juillet 98 (page 2 & 3)
- **http://www.ineris.fr/** Institut national de l'environnement et des risques industriels (actualités.pollution Danube)

SUITE

2 **Proposez un plan qui permettrait de présenter le texte suivant en plusieurs pages accessibles depuis un sommaire présent sur toutes les pages du dossier.**

Quels sont les différents types de référendum ?
On entend beaucoup parler de référendum. Mais derrière ce mot se cachent plusieurs réalités. En fait, il existe trois types de référendum.

Le référendum législatif, prévu à l'article 11 de la Constitution, permet au Président de la République, sur proposition du gouvernement, de soumettre au peuple un projet de loi. Celui-ci peut porter sur différents sujets (les pouvoirs publics, la politique économique et sociale de la Nation et les services publics y concourant, ou autorisant la ratification de traités internationaux). Le mécanisme est simple : si la réponse au référendum est positive, la loi est adoptée. Le général de Gaulle a utilisé, dans des conditions controversées, cet article pour réviser la Constitution (en 1962, pour l'élection du Président au suffrage universel, réponse positive ; en 1969, pour réformer le Sénat et les régions, réponse négative).

Le référendum constituant, prévu à l'article 89 de la Constitution, permet la révision de cette dernière. Le référendum ne peut intervenir qu'après le vote, dans les mêmes termes, par l'Assemblée nationale et le Sénat, du texte de révision proposé. Si la réponse est positive, la révision est adoptée.

Il faut également évoquer ce que l'on appelle parfois le « référendum local » (loi du 6 février 1992) : les autorités communales ont la possibilité d'organiser un vote sur un sujet d'intérêt communal. Mais le conseil municipal n'est pas engagé par le résultat du vote. Il ne s'agit donc pas d'un véritable référendum, mais plutôt d'une forme de consultation de la population.

Le référendum d'initiative populaire existe en Italie, en Suisse mais pas en France, même s'il est souvent proposé comme une réforme souhaitable qui permettrait d'associer davantage le peuple à la politique de la Nation. Son initiative revient au peuple et il peut porter sur différents domaines (législatif ou constituant). Les procédures varient, mais on peut dégager des étapes générales : les initiateurs d'un projet doivent réunir un nombre préétabli de signatures soutenant le texte envisagé (pétition) ; si ce nombre est atteint, les pouvoirs publics sont tenus d'organiser un référendum ; en cas de réponse favorable au texte, le Parlement doit nécessairement discuter d'une modification de la loi dans le sens indiqué par le référendum.

Corrigés

Exercice 1

L'écran présente un dossier thématique complet. C'est un texte globalement assez long, qui tient sur 3 pages écran. Il souffre de plusieurs défauts :

- pas d'introduction ;
- des parties, certes courtes, mais qui se suivent sans lien logique ;
- des liens hypertextes dans le fil de l'article.

On peut corriger ces défauts simplement : en divisant le dossier en plusieurs pages Web. La première contiendrait une introduction donnant accès à autant de parties qu'en contient le dossier tel qu'il est initialement structuré :

- la cyanuration (ouverture du dossier initial) ;
- l'historique ;
- la toxicité ;
- les antidotes.

On s'aperçoit que, curieusement, si le dossier était bel et bien structuré pour supporter une écriture hypertexte, sa mise en ligne dans la forme initiale le rendait moins lisible qu'il aurait pu l'être.

Exercice 2

Même s'il est ici volontairement court, ce texte est particulièrement adapté à un traitement en « fiches » accessibles depuis une page sommaire. Cette page renverrait à quatre parties distinctes :

- le référendum législatif ;
- le référendum constituant ;
- le référendum local ;
- le référendum d'initiative populaire.

À ces quatre parties, on pourrait évidemment en ajouter une dernière reprenant une liste bibliographique pour aller plus loin.

5. À plus d'un titre

L'OBJECTIF

Trouver le bon titre pour un texte

Trouvez un bon titre, et vous voilà assuré d'attirer l'œil de votre lecteur ! Le titre est généralement la première partie de votre texte qui est lue. Bien sûr, ici ou là, sur Internet, on trouve des textes non titrés. Mais ils sont rares. Et rarement lus ! Donc, tout commence par un titre. On peut même dire par plusieurs titres.

Sur le Web, d'abord, il y a le nom du site. Ce n'est pas forcément un titre à proprement parler. Notamment lorsque le site porte le nom de l'entreprise dont il est la vitrine, par exemple. C'en est plus clairement un lorsque le titre est choisi pour un magazine en ligne, un service propre à Internet, une page perso...

Dans ce cas, vous n'avez pas forcément le choix. Tous les titres ne sont pas libres. Enfin, plus précisément, tous les noms de domaine. Ainsi, *www.france2.fr* existe déjà, tout comme la plupart des sites reprenant des marques, des noms d'entreprise ou de personnalités célèbres. Et même s'ils ne sont pas encore déposés, ces noms de domaines-là ne sont pas sans poser des problèmes légaux. Restent les noms communs, les adjectifs... Ils sont tous pris aujourd'hui aussi. Vous avez alors la possibilité d'inventer un nom, ou de choisir une formule qui corresponde précisément à votre projet. Là, aucun autre problème que les limites de votre imagination : jeux de mots, mots-valises, orthographes originales.... Encore que, dans ce dernier cas, on prenne le risque de voir la graphie du nom de son site impossible à mémoriser, ce qui est un handicap lourd...

Dans tous les cas, souvenez-vous que plus un nom est court, mieux il est retenu. Que plus il est clair, plus il est intelligible... À éviter, donc, les noms de domaine à rallonge, les formules ésotériques incompréhensibles. C'est en quelque sorte la quadrature du cercle : les noms efficaces sont tous déjà déposés, et il vous faudra malgré tout trouver un nom efficace. C'est un problème de créativité ! C'est en fait un problème qui s'apparente plus à celui du choix des marques qu'à celui des titres proprement dits. C'est effectivement en utilisant les mêmes techniques que les créateurs de marques que vous trouverez le meilleur nom pour votre site : il faut que ce nom évoque les valeurs qui correspondent au contenu que vous mettrez en ligne, mais aussi qu'il soit mémorisable.

À titre d'exemple, voici la réflexion menée à la fin des années 90, lorsque nous envisagions, en pleine vague des start-ups, de lancer avec quelques autres un site pour les adolescents. Le résultat de cette réflexion n'a jamais vu le jour, et ce n'est peut-être pas plus mal... Mais la réflexion autour du nom du site m'avait alors beaucoup intéressé.

Pour faire simple, il s'agissait d'un site portail à destination des 8-14 ans. Nom de code, qui, parfois, devient nom de scène : *www.junioors.net*. Bon, avec deux O, c'était l'échec quasi assuré. Autre proposition : *www. screencity.com*. Un peu trop anglo-saxon à mon goût, un peu passe-partout... Rien dans ces deux noms qui distingue réellement notre projet des multiples autres qui voyaient simultanément le jour et cherchaient leur chemin sur les bureaux surchargés des investisseurs.

L'idée s'est pourtant imposée d'elle-même, un jour. *www.bazookids.com*. L'idée s'est tellement imposée d'elle-même que je suis sûr qu'elle est de moi. Mais nous sommes plusieurs à être sûr de cela ! Pourquoi Bazookids est un meilleur

SUITE

nom que les deux précédents ? J'y voyais trois raisons. C'est un mot valise, facile à retenir : une contraction entre « bazooka » et « kids ». Avec la dynamique qu'implique le premier mot, malgré sa connotation guerrière. Ensuite, Bazookids permettait de nombreuses déclinaisons, dont la plus intéressante par rapport à notre projet était la création du « Zook », une monnaie virtuelle que les enfants auraient pu dépenser sur le site. Enfin, à l'époque, utiliser le Z, le K et surtout deux O dans un nom, c'était plutôt tendance. Un effet Yahoo qui sévissait dans les start-ups... Bref, c'était à la mode. Mais, malgré un nom qui aurait pu assurer la réussite de Bazookids au-delà des frontières, le projet est resté dans les tiroirs. Comme quoi, cela ne suffit, heureusement, pas.

Il aura, autant que je m'en souvienne, fallu plusieurs semaines pour trouver ce nom. On a dû faire face à quelques dizaines de propositions plus ou moins sensées... Ce genre d'opération ne se fait pas en un jour. Et faire appel à un cabinet spécialisé dans la création de nom coûte très cher ! La meilleure méthode, et la meilleur marché, reste encore de s'y mettre à plusieurs, de ne pas se censurer, et d'avancer, d'idée en idée, jusqu'à trouver la bonne !

Tous ceux qui écrivent en ligne n'ont pas à chercher le nom de domaine du site auquel ils apportent leur collaboration. Et, si l'opération est de la plus haute importance, elle intervient rarement : une fois, seulement, dans la vie d'un site. Beaucoup plus rarement, donc, que le fait de donner un titre à un article que l'on a écrit.

Titrer son texte, c'est lui offrir une carte de visite. Le titre est l'élément déterminant : il plaît, le lecteur continue sa lecture. Il déplaît, c'en est fini avant même d'avoir commencé. Voyez ces deux groupes de trois titres :

1. USA : les Français bien accueillis
2. Georges Simenon est mort
3. Disque d'or pour Thomas Fersen

A. Bienvenue la France !
B. Maigret broie du noir
C. Une voix en or

Dans l'ordre, les titres de chaque groupe (1 et A, 2 et B, 3 et C) pourraient coiffer les mêmes articles. Ce qui distingue les premiers des deuxièmes, c'est qu'ils sont informatifs alors que les seconds sont incitatifs.

Les titres informatifs livrent l'information de façon synthétique. A contrario, le titre incitatif expose le point de vue du journaliste, laisse transparaître sa volonté de convaincre, ou vise à éveiller un sentiment chez le lecteur (curiosité, indignation, incrédulité...).

Les titres incitatifs ont un défaut certain : hors contexte, ils peuvent paraître totalement obscurs. Ainsi, les titres suivants, trois exemples parmi des centaines d'autres possibles, sont assez énigmatiques :

- Le sacre de l'arène
- Redécouvrir le canard !
- Un homme d'expériences

Le premier est le portrait d'un torero, paru dans « Libération ». Le deuxième est en fait un titre informatif ! Mais, hors contexte, vous voyez qu'on peut s'y laisser prendre : c'est la une de « Cuisine actuelle » d'octobre 1996. Quant au troisième, il annonce le portrait d'un technicien de laboratoire...

Ce n'est pas forcément grave dans un magazine ou dans un journal... Mais ce genre de titres, dans la liste des résultats fournis par un moteur de recherche, n'apportera aucune information pratique à l'internaute.

Pour lever ces ambiguïtés, on utilisera d'autres outils, détaillés au chapitre suivant (le surtitre, notamment). Mais trouver un titre est un exercice de créativité. Voici donc une méthode qui vous permettra d'avancer, même si vous séchez sur un article à titrer.

Cette méthode vous aidera aussi si vous tombez dans trop de facilités : il faut tout de même se méfier des titres tout faits. Ils sont trop faciles, trop attendus...

Ainsi, on évitera autant que possible les reprises de titres célèbres, qui sont devenus autant de clichés :

- Chronique d'une mort annoncée
- L'année de tous les dangers
- Voyage au bout de l'enfer
- Le crime était presque parfait, etc.

Même « détournés », ils sont un peu trop faciles :

- Chronique d'une hausse annoncée
- L'année de tous les excès
- Voyage au bout de la jetée
- Le périmètre était presque parfait.

D'autres formules sont aussi à proscrire si l'on veut être vraiment original. C'est le cas de « Ainsi va » (le camembert, l'autoroute, la mondialisation...).

Dans le genre on évitera :

- (le camembert, l'autoroute, la mondialisation...) au banc d'essai
- quel avenir pour (le camembert, l'autoroute, la mondialisation...) ?
- (le camembert, l'autoroute, la mondialisation...), mode d'emploi

SUITE

Évitez également les plaisanteries, trop évidentes, notamment sur les noms de personne...

Ces quelques conseils en tête, lançons-nous dans la recherche d'un titre pour le texte suivant :

> Les annales de médecine interne, aux Etats-Unis, viennent de publier un travail qui démontre le mécanisme d'intervention des graisses. Les auteurs sont partis d'un groupe de 49 personnes qui, toutes, présentaient un taux excessif de cholestérol. Les unes se sont vu proposer un régime de type « méditerranéen classique », c'est-à-dire à faible teneur en graisses poly-insaturées et riche en légumes. Les autres ont remplacé les graisses mono-insaturées propres au régime méditerranéen par des noix entières. Chez ces dernières, le taux de LDL-cholestérol (le « mauvais » cholestérol) a été encore davantage réduit qu'il ne l'a été par le seul régime de type méditerranéen.
>
> Ce travail confirme celui qui avait été publié l'an passé par le *British Journal of Medicine* après que des épidémiologistes, américains là encore, aient suivi 86.000 infirmières pendant 14 ans. Chez ces femmes, âgées de 34 à 59 ans au début de l'étude, ils avaient recensé l'ensemble des accidents cardiaques majeurs. D'après leurs résultats, le seul fait de consommer 5 noix par semaine réduit le risque d'accident coronarien de 35% par rapport à des femmes qui mangent moins d'une noix par mois. La cause de cet effet bénéfique serait liée à la composition de ces fruits, dont bien des composants sont bons pour la santé. Ils contiennent en effet des acides gras insaturés, du magnésium, des fibres, de la vitamine E et des protéines végétales. Alors mangez des noix ou assaisonnez vos salades à l'huile de noix. Vous vous ferez du bien et en prime, vous vous régalerez !
>
> Source : *BMJ*, n°317, pp. 1341-1345 et *Annals of Internal Medicine,* April 4th, 2000

La méthode consiste à tracer, sur une feuille, un tableau de 4 ou 5 colonnes, soit une colonne par thème principal de l'article (ici : noix, santé, cholestérol, régime...). On note ensuite les analogies dans chaque colonne, puis, à partir de ces analogies, on cherche un titre original, incitatif et/ou informatif, qui rende bien compte de l'article et donne envie de lire.

Ici, le tableau obtenu pourrait être le suivant :

Noix	Santé	Cholestérol	Régime	Femme
à la noix : sans valeur, mal fait	Vie	Graisse	Privation	Homme
fruit	Naissance	Maladie		
idiot	Mort			
huile	Remède			
cerneaux				
écorce				
brou				
...				

Vous pouvez aller plus loin, en continuant de remplir chacune des colonnes de ce tableau. Mais déjà, avec ces mots, on peut envisager quelques titres :

- Cholestérol : un remède à la noix
- Une vie de noix
- Le cerneau de l'affaire

On peut sans doute faire mieux ! Mais vous voyez déjà que la technique permet de découvrir des pistes auxquelles on n'aurait pas forcément songé. Adopter cette méthode est encore plus drôle si l'on se réunit à plusieurs autour d'un tableau noir (ou blanc...).

Exercices

1 **Donner un titre incitatif et un titre informatif aux textes suivants.**

A - Il semble acquis que la consommation de chocolat soit bonne pour la santé.

Une enquête menée auprès de 7800 anciens étudiants de Harvard a montré que les consommateurs de chocolat et de friandises vivent presque une année de plus que les autres. Pour les cacaomanes, c'est assurément une excellente nouvelle !

SUITE

La première explication de ce phénomène tient à la présence de phénols dans le chocolat. Leurs propriétés antioxydantes sont reconnues. En outre, le cacao favorise le métabolisme du « bon » ou HDL-cholestérol, lequel réduit le risque de maladies cardio-vasculaires et de certains cancers.

Attention toutefois. Une équipe de la côte ouest rappelle, comme en réponse à celle de Harvard (à Boston donc sur la côte est...), qu'il faut savoir raison garder. Un chercheur de l'Université de San Diego, en Californie, signale en effet que la consommation de chocolat entraînerait la sécrétion par l'organisme de substances imitant l'effet du cannabis. Voilà peut-être pourquoi les consommateurs de chocolat peuvent devenir « accros au cacao »...

(HealthandAge.com)

B - C'est la reprise dans le secteur de l'immobilier ! Le nombre de transactions, qu'il s'agisse de neuf ou d'ancien, de collectif ou de maisons, ne cesse d'augmenter depuis deux ans. En revanche, le tableau est moins rose pour les acquéreurs puisque, parallèlement au niveau des transactions, les prix sont eux aussi en augmentation. Même si elle reste modérée (sauf à Paris) et si les prix sont sans commune mesure avec ceux de la fin des années 80, cette tendance à la hausse semble durable. Trois éléments plaident pour une acquisition proche. Les taux du crédit sont toujours exceptionnellement bas (moins de 6 %), ce qui permet d'acheter plus facilement et de plus grandes surfaces. Les droits de mutation dans l'ancien sont aujourd'hui de 4,8 % en moyenne, contre 8 % il y a deux ans. La TVA sur les travaux : la facture a été allégée par le nouveau taux à 5,5 %, au lieu des 20,6 % précédemment appliqués.

60 millions de consommateurs, numéro pratique n° 63, avril-mai 2000

C - Soit un symbole de 2,4 mm de côté qui peut être inséré dans tout texte, tableau, légende, sur un document papier. Soit un nouveau périphérique de PC qui permet de lire les tags d'un simple clic. Et c'est tout. C'est tout ?

Ben oui, parfois les idées géniales sont aussi simples. Une fois le tag lu, le « cliqueur de tags » envoie une information au PC, qui ouvre un site Internet, à la bonne page, ou qui produit une action dans un jeu vidéo... Le papier et le PC sont, enfin, interactivement reliés.

Mais à quoi ça sert ? Bon, puisqu'il faut vous faire un dessin... Supprimez tous les détails techniques d'un catalogue de matériel professionnel. La maquette sera plus aérée, et vous ferez des économies d'impression tout en gardant la possibilité de distribuer un bel objet sur papier glacé. Pour accéder aux détails techniques ? C'est simple, cliquez sur le tag imprimé près de chaque article !

Rien à voir avec la littérature ou l'écriture ? Pas si sûr... Dès qu'une innovation touche le papier, et plus particulièrement son rapport à l'ordinateur, on peut se dire que demain, peut-être... Ben oui, imaginez donc, un livre avec des tags ici ou là, des ouvertures sur le Web, une complémentarité entre un objet figé – le livre – et un autre, mouvant et multimédia : le Web... Ou une complémentarité livre/DVD. Ne me dites pas qu'il n'y a pas des potentialités créatives intéressantes.

Bon, reste que tout cela ne deviendra pas forcément grand public. Mais sait-on jamais ? En tout cas, vous, vous ne pourrez pas dire qu'on ne vous a pas prévenu !

(texte paru sur *http://magazine.la-boite-a-ecrire.com*)

Corrigés

Exercice 1 A

Le titre d'origine de l'article était : Cacao, point trop n'en faut

Voici quelques autres propositions :

- Le régime cacao
- Soyez chocolat !
- Chocolat : bon, avec modération
- Vivez chocolat
- Une santé de chocolat

Exercice 1 B

Titre informatif : Reprise dans l'immobilier

Titre incitatif : Vendez : les taux se desserrent !

Exercice 1 C

Titre informatif : Le papier interactif

Titre incitatif : Clique, c'est du papier !

FIN

6. Autour du titre

L'OBJECTIF

Gérer efficacement les éléments textuels qui viennent renforcer le titre et le texte

Le titre n'est pas tout seul. C'est l'élément le plus important de ce qu'on appelle la « titraille », mais ce n'est pas le seul. Complémentaires, l'ensemble de ces éléments offrent de multiples entrées dans un texte donné.

On a vu dans le chapitre précédent qu'un bon titre, notamment s'il est incitatif, peut ne pas informer suffisamment le lecteur. C'est d'autant plus vrai sur Internet, où les titres peuvent apparaître hors contexte, dans les listes de résultats des moteurs de recherche par exemple.

Faut-il pour autant renoncer et ne proposer que des titres informatifs ? Aucunement. En usant à bon escient des surtitres, intertitres, « chapôs », légendes, encadrés ou exergues, vous proposez à vos titres, et à vos articles, aussi excellents soient-ils, des « béquilles » sur lesquelles leur sens peut se reposer.
Et c'est autant de façons de retenir l'attention de vos lecteurs.

Le surtitre

Le surtitre est le compagnon le plus proche du titre. Il est là, juste au dessus de lui, généralement plus court, dans un corps de caractère plus faible, mais parfois en gras, ou en couleur.

Le surtitre est donc là pour compléter le titre. On l'aimera incitatif lorsque le titre est informatif, et inversement. Pour reprendre un exemple précédent :

Immobilier

Les taux se desserrent...

Ou un autre exemple :

Alexandre Pouchkine

Le créateur de la langue russe

Le surtitre permet de savoir de quoi l'on parle. Et le titre peut prendre son envol en toute sécurité.

Le chapô

Très souvent, l'article est précédé de quelques lignes : un texte court, à la typographie particulière qui introduit et résume l'article. Selon le schéma de la pyramide inversée évoqué précédemment, le chapô livre le contenu principal de l'article dès le début.

On conseillera donc d'écrire le chapô une fois que l'article aura été totalement rédigé. En effet, le chapô n'est pas constitué des premières lignes de l'article : c'est une erreur que l'on rencontre couramment. Le chapô et l'article sont indépendants ! Pensez donc toujours qu'un lecteur doit pouvoir commencer à lire votre article sans avoir lu préalablement le chapô...

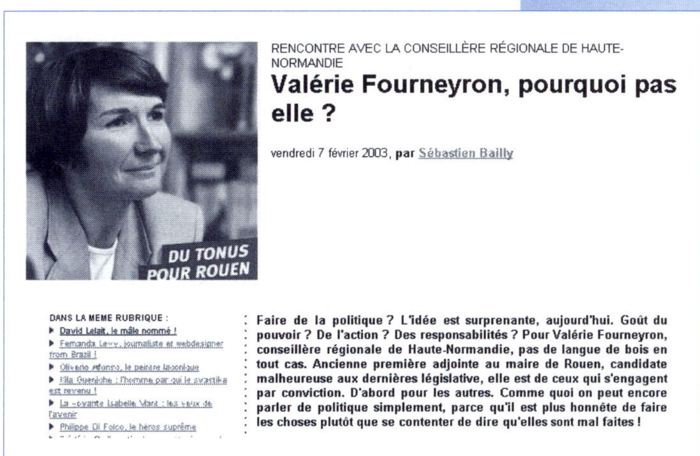
RENCONTRE AVEC LA CONSEILLÈRE RÉGIONALE DE HAUTE-NORMANDIE

Valérie Fourneyron, pourquoi pas elle ?

vendredi 7 février 2003, par Sébastien Bailly

DU TONUS POUR ROUEN

DANS LA MEME RUBRIQUE :

- David Lelait, le mâle nommé !
- Philippe Di Folco, le héros suprême

Faire de la politique ? L'idée est surprenante, aujourd'hui. Goût du pouvoir ? De l'action ? Des responsabilités ? Pour Valérie Fourneyron, conseillère régionale de Haute-Normandie, pas de langue de bois en tout cas. Ancienne première adjointe au maire de Rouen, candidate malheureuse aux dernières législative, elle est de ceux qui s'engagent par conviction. D'abord pour les autres. Comme quoi on peut encore parler de politique simplement, parce qu'il est plus honnête de faire les choses plutôt que se contenter de dire qu'elles sont mal faites !

Surtitre, titre, chapô : l'essentiel de l'information avant l'article.

SUITE

Les intertitres

Les intertitres sont des accroches, comme le titre et le surtitre. Mais eux se trouvent au fil de l'article. Distincts graphiquement du texte courant, ils relancent l'intérêt du lecteur, et facilitent une lecture en diagonale que l'on sait fréquente sur Internet. Dans la presse magazine, on considère généralement que les intertitres ne doivent pas être confondus avec des repères qui annonceraient le plan de l'article.

On ne doit donc pas se retrouver avec des intertitres du type :

1° les faits face aux actes

2° les actes face aux faits

3° Quels actes, au fait ?

Pas de numérotation, pas d'emplacement prédéfini par rapport au contenu du texte courant (le webmaster doit pouvoir déplacer un intertitre s'il se trouve malheureusement en bas de colonne ou en haut de page), mais des relances, du rythme, des infos essentielles... Un intertitre n'est pas un sous-titre, comme on en trouve pour délimiter les parties dans les travaux universitaires.

D'autres types d'intertitres sont possibles. Notamment si les textes mis en ligne s'éloignent de l'esprit journalistique. On peut alors se servir des titres tels qu'on les utilise dans les travaux universitaires, les rapports, les comptes rendus... Dans ce cas, on ne parle plus d'intertitres, d'ailleurs, mais de sous-titres...

Comme on n'écrit pas le chapô juste avant l'article ni dans sa continuité, on évitera de placer les intertitres au fil de l'écriture de son texte. Ces fioritures-là viennent après le gros œuvre... Dans la presse, l'ensemble de ces éléments, que l'on appelle la titraille, n'est d'ailleurs souvent pas confié au journaliste qui a écrit l'article ! C'est aussi une façon d'assurer une cohérence à l'ensemble des articles publiés : si chacun écrit son chapô dans son coin, on risque de se retrouver, sur la page d'accueil du site qui les reprend, avec deux ou trois textes à la tournure similaire, alors que justement, c'est la variété des tournures et des formes qui donnera l'impression que l'ensemble du contenu est riche et varié !

Les légendes

Voici un autre élément de l'article qui est souvent lu avant le texte principal. Il est donc lui aussi là pour donner envie de lire autant que pour informer. La légende est d'autant plus importante que l'on peut faire dire tout, et son contraire, à une image. La majorité des images nécessitent donc une légende qui en explicite le sens et la raison d'être en regard de l'article.

D'aucuns conseillent d'utiliser les légendes pour donner des informations complémentaires, qui ne se trouveraient pas dans le corps de l'article. L'idée est intéressante si l'image est porteuse d'une information spécifique, qu'on ne retrouve pas non plus telle quelle dans l'article. Mais attention ! Il faut que votre lecteur mémorise ce que vous avez à lui dire. L'image est un atout précieux dans ce domaine : elle est beaucoup plus facilement mémorisée que le texte. C'est justement parce que le taux d'oubli du message verbal est plus élevé qu'il ne faut pas hésiter à répéter ce qui est important.

Attention, une légende permet aussi de faire dire tout, et son contraire, à une image. Regardez celle-ci, par exemple, c'est un lycée technique de l'agglomération rouennaise. A-t-on la même impression selon la légende qui apparaît en dessous ?

Un lycée agréable dans un cœur de verdure...
Un véritable coupe-gorge au fond de la forêt...

Les encadrés

Les encadrés sont, dans la presse, un niveau de lecture supplémentaire. Combien de lecteurs d'une enquête de 10 pages sur les nouveaux rapports amoureux (notez au passage que dans certains hebdomadaires, ils sont nouveaux tous les ans...), combien de lecteurs, donc, ne lisent que les encadrés, comme autant de témoignages vivants et amusants qui sont là pour apporter leur éclairage à un dossier mille fois lu... ? (Souvenez-vous toujours qu'une phrase doit faire entre 15 et 20 mots, et non plus de cinquante comme la précédente !)

Sur Internet, on peut bien sûr gérer les encadrés comme dans la presse traditionnelle, c'est alors un élément de plus de la mise en page. Deux techniques complémentaires viennent pourtant renouveler le genre.

SUITE

Les roll overs, ou menus glissants

Il s'agit de fenêtres qui s'ouvrent automatiquement au passage de la souris sur un mot ou une image. Le roll over a une fonction courante, qui est l'affichage de menus à cliquer dans les interfaces. Mais sur le même principe, on trouve des fenêtres de définition, qui s'ouvrent lorsque la souris passe au-dessus d'un mot donné par exemple. Utilisé à bon escient, il remplacera les notes de bas de page, les encadrés courts, et permettra de proposer un texte accessible à la fois aux spécialistes (sans lecture des explications de base) et aux débutants grâce au roll over.

Le phénomène « bases de données »

Le rédacteur Web écrit de plus en plus rarement des textes « à la volée ». Son travail est intégré dans une base de données des textes qui se retrouvent en ligne. La conception de telles bases de données réclame une réflexion préalable qui permette de déterminer quels champs seront utiles, et quels champs le rédacteur devra remplir pour faire « rentrer » son texte dans la base. En général, c'est à ce stade que l'on décide si surtitre et chapô seront obligatoires, si le texte aura une longueur limitée et dans quel cadre, etc. Selon l'organisation du travail qui est choisie, le rédacteur aura parfois à remplir lui-même la base de données par l'intermédiaire d'une interface d'administration : il n'aura que mieux conscience des contraintes, mais aussi des possibilités, du système d'édition mis en place.

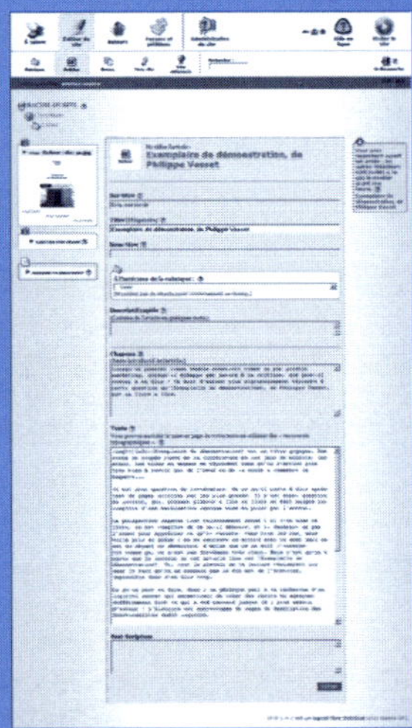

Les pop ups

Un pop up est une fenêtre qui s'ouvre lorsque l'internaute clique sur un lien, un mot, une image. Cette fenêtre vient se superposer à la page lue, et apporte des informations complémentaires (ou des images, une vidéo, etc.). On peut lire la page courante sans cliquer, ou demander des précisions en cliquant, selon qu'on a besoin d'en savoir plus, qu'on a plus ou moins de temps à consacrer à sa lecture, etc.

Attention cependant : l'usage des pop ups publicitaires est mal vécu par certains internautes, qui les ferment avant même que leur contenu soit chargé sur leur ordinateur. Si vous utilisez les pop ups pour gérer du contenu rédactionnel, vous avez tout intérêt à l'indiquer clairement, pour que vos lecteurs comprennent bien de quoi il s'agit, et vivent l'ouverture de ces fenêtres de manière positive.

L'ensemble des éléments de la titraille fait partie des outils de mise en perspective du texte couramment utilisés par les journalistes. Mais ils trouvent leur application dans tous les types d'écrit, y compris les plus professionnels, qu'ils savent souvent rendre moins rébarbatifs.

Exercices

1 **Rédiger un chapô pour les articles suivants :**

A - LA MONTAGNE EN DOUCEUR

Après deux heures d'efforts en raquettes dans la neige, au milieu des sapins, la fatigue commence à se faire sentir. Heureusement, le guide vous fait signe de vous arrêter pour le repas. Il allume le feu pour faire griller lard et fromage. Assis sous un sapin, un verre de vin à la main, vous fermez les yeux. On entend presque les loups... Vous ne rêvez pas, vous êtes dans les Hautes Vosges. À l'image de cette balade proposée par les guides de montagne de la Bresse, de nombreuses excursions vous invitent à sortir des sentiers battus et des pistes damées pour partir à la rencontre de la nature. Eh oui, il n'y a pas que le ski, à la montagne !

La star de la randonnée aujourd'hui, c'est la raquette à neige. Silencieuse et ne nécessitant pas d'aménagement particulier, elle bénéficie de la vogue des loisirs nature. La raquette se pratique presque partout, mais le mieux, c'est de partir avec un guide pour un circuit ou une sortie à thème. Renseignez-vous auprès des offices du tourisme, des maisons des parcs régionaux, ou encore des associations de découverte de la nature. Ces organismes proposent des randonnées en raquettes sur les thèmes de la faune et de la flore, du patrimoine ou de la gastronomie.

(D'après *www.franceguide.com*)

SUITE

B - LES PETITS PLATS DANS LES GRANDS

Avant toute chose, pensez à choisir une couleur. Pour une ambiance traditionnelle, optez pour le vert et le rouge. Si vous possédez déjà une grande nappe blanche de coton ou de mousseline, recouvrez-la d'une surnappe verte ou vermillon : voilà qui rappellera les Noëls d'antan... Quelques baies et branches de houx placées autour des assiettes s'assortiront parfaitement aux couleurs des nappes, napperons et serviettes. Si vous préférez les couleurs plus feutrées, laissez-vous tenter par le charme des tons mauves. Une nappe de tulle, d'organdi ou de coton fuchsia donnera des allures orientales à votre table. Vous pouvez aussi jouer sur les pastels ! Curry, miel ou sable, votre linge de table évoquera un Noël aux parfums de voyage.

Service compris

Pour la vaisselle, pas de panique ! Votre service en porcelaine blanche fera très bien l'affaire. Vous pourrez simplement ajouter des fleurs séchées autour des assiettes pour leur donner une seconde jeunesse... Dans tous les cas, les photophores et bougies flottantes, avec leur subtil éclairage, raviveront les couleurs de votre table. Vous pourrez déposer 5 ou 6 de ces dernières dans un grand saladier (de préférence en verre, pour jouer sur les effets de transparence) rempli d'eau. Si vous avez prévu de l'alcool, n'oubliez pas d'associer les verres à l'ambiance ! Habillés par du papier de soie et entourés d'un ruban de raphia, ils prendront eux aussi des airs de fête.

(texte paru sur *www.champion.fr*)

2 **Proposez un surtitre pour l'article précédent.**

3 **L'intertitre qui se trouve dans l'article précédent vous semble-t-il pertinent ? Pouvez-vous en proposer un autre, plus pertinent ?**

4 **Proposez une légende pour cette photo qui pourrait illustrer l'article précédent.**

Corrigés

Exercice 1 A

Il n'y a pas que le ski ! Profitez de votre séjour à la montagne pour découvrir une nature qui sait se faire accueillante sous la neige.

Exercice 1 B

À l'approche des fêtes, la maison se met sur son 31. Entre étoffes colorées et jolie vaisselle, voici un aperçu d'une table aux airs de grands soirs : suivez le guide !

Exercice 2

Voici quelques propositions, partant du principe que le titre étant incitatif, il faudra que le surtitre soit informatif :

- Arts de la table
- Préparer les fêtes
- Une table de fête

Exercice 3

Alors qu'il n'y a pas de surtitre dans l'article de départ, et un titre incitatif, on a aussi un intertitre incitatif, basé sur un jeu de mots. En fait, la lecture du titre et de l'intertitre ne permet pas de savoir de quoi il est question. Dans un souci d'équilibre, on choisira donc soit de le laisser tel quel, si l'on a mis en place un surtitre informatif, soit de le changer pour le rendre plus explicite, en le remplaçant, sans problème, par un des surtitres que nous avons proposés dans le corrigé de l'exercice précédent.

Exercice 4

Cette photo est décalée par rapport à l'article, elle ne présente pas une table bien mise, mais le contenu d'une assiette. Parfois, on ne peut pas faire autrement, notamment quand on est pris par le temps. Et ce peut aussi être un choix. Mais la légende doit alors marquer la réalité du décalage... Et jouer dessus. Cela peut donner :

- L'important, finalement, c'est ce qu'il y a dans l'assiette, non ?

FIN

7. L'accroche et la chute

L'OBJECTIF

Bien commencer et finir un texte

Votre lecteur risque fort de ne pas lire l'intégralité de votre texte. Mais s'il commence à lire, il ne faut plus le lâcher... Et s'il va jusqu'au bout, la moindre des choses est de le remercier pour son effort.

On appelle la première phrase l'accroche. C'est cette phrase qui démarre l'article. Lorsqu'il est bien écrit, le lecteur, entraîné presque malgré lui, ne pourra plus s'arrêter de lire, jusqu'à avoir savouré chaque paragraphe, et lu, enfin, la chute de l'article !

L'accroche

Même si, selon la théorie de la pyramide inversée, on doit commencer l'article par les faits les plus importants, on peut tout de même s'offrir un peu de variété. Généralement lue juste après le titre, le surtitre, le chapô, l'accroche doit être complémentaire des informations données jusque là. Le surtitre est informatif ? Le titre incitatif ? Le chapô offre un bon résumé de l'article ? Pourquoi ne pas commencer l'article par un détail significatif qui illustrera le reste du propos ? Pourquoi ne pas planter le décor, à la manière d'un reporter ? Pourquoi ne pas utiliser une formule choc qui accrochera véritablement le décor ? Mieux que de longs discours, voici quelques exemples réels d'accroche...

Informer

LE SAUMON À TOUTES LES SAUCES

Le saumon se prête à toutes les préparations : braisé, poêlé, cuit dans un bouillon de poisson frais ou fumé, il se marie aussi commodément à de nombreux accompagnements.

(sur *www.champion.fr*)

Planter le décor

LA MONTAGNE EN DOUCEUR

Après deux heures d'efforts en raquettes dans la neige, au milieu des sapins, la fatigue commence à se faire sentir. Heureusement, le guide vous fait signe de vous arrêter pour le repas. Il allume le feu pour faire griller lard et fromage. Assis sous un sapin, un verre de vin à la main, vous fermez les yeux. On entend presque les loups...

Une formule choc

LES SAVEURS DU TERROIR

« Qui mange de la soupe de l'entrée au dessert vivra centenaire », dit le proverbe. Pas toujours facile d'en convaincre les enfants !

SUITE

Un détail significatif

> EN AVANCE SUR SON TEMPS
>
> Mais que vient donc faire cette antenne sur cet assistant personnel ? Le Trium Mondo serait un produit à part ? Mi-téléphone, mi-PDA... Un être technologique hybride à classer entre le centaure et la sirène dans un livre des curiosités... Oui, et non.

N'a-t-on pas envie d'en savoir plus, de poursuivre sa lecture ?

La chute

Évidemment, puisque vous avez amené votre lecteur jusqu'à la fin de votre texte, vous avez fait le plus dur. Mais pas question de vous reposer sur vos lauriers. La déception peut pointer son nez à la fin d'un article, tout simplement parce que la chute n'aura pas été assez travaillée. Cette chute, c'est le souvenir que vous laissez à votre lecteur. Elle est astucieuse ? Elle valait qu'on se donne la peine de lire l'article ? Le lecteur est récompensé. Et vous avec. Parce que, sans doute, l'internaute reviendra sur votre site lire vos autres textes. Parce qu'il s'abonnera à votre lettre d'information pour retrouver le plaisir qu'il a eu à vous lire. Parce qu'il accueillera avec plaisir les annonces de mise à jour de votre site par e-mail.

En théorie, la chute devrait reprendre, synthétiquement, les principaux développements de l'article. Mais une formule ingénieuse, une pirouette amusante, une anecdote inattendue, une ouverture vers d'autres interrogations, une citation méconnue sont autant de façons de clore le sujet avec brio. On peut aussi s'attacher à « boucler » le texte, en rédigeant une chute qui réponde comme un écho à l'attaque que l'on aura choisie.

Exercices

1 **Proposez une accroche aux textes suivants :**

> A. *Le Seigneur des Anneaux* est un film-fleuve racontant l'épopée d'un jeune hobbit détenant un anneau aux pouvoirs très puissants, convoité par Sauron, seigneur des ténèbres qui se verrait bien dominer le monde grâce à celui-ci. Cette lutte entre le bien et le mal est illustrée avec maestria par Peter Jackson, fan du roman de J.R.R. Tolkien depuis toujours. La force des émotions partagées par des personnages

attachants, courageux et valeureux, et l'horreur dégagée par les ennemis destructeurs s'allient à des décors et effets spéciaux impressionnants et jamais vus au cinéma. Une telle richesse d'images demande plusieurs visions pour découvrir tous les aspects du monde enchanté de Peter Jackson. Aventure, guerre, suspense, fantastique, amour, humour. Tout est là pour faire du *Seigneur des Anneaux* un très grand moment de cinéma. —*Marc Maesen*

B. Ton corps se transforme et se construit : en quelques années, l'enfant que tu étais se transforme en adulte. En 5 ans, ton poids va doubler, et pendant quelque temps, tu vas grandir de 9 à 12 cm par an : un centimètre par mois ! Tu ne peux donc pas te passer d'éléments de base pour construire tes os, tes muscles, tes tissus. Ces éléments ne peuvent venir que de l'alimentation. Tes besoins nutritionnels sont très importants, ce ne sont pas ceux d'un adulte ! Et il faut impérativement les respecter et les satisfaire. Attention, donc, aux régimes à répétition, mais aussi aux repas déséquilibrés, au grignotage, etc.

2 **Proposez une chute pour le texte suivant :**

L'« offre » de savoirs n'a jamais été aussi foisonnante. Mais, face à cette profusion, le besoin de sens n'a jamais été plus important qu'aujourd'hui. Dans le tourbillon des informations, les contenus de référence ont un rôle central : sélectionnés, certifiés, indexés, structurés, ils apportent la clarté là où elle ferait autrement défaut. Une encyclopédie privilégie la mise en relation des connaissances, elle ne juxtapose pas simplement des informations : elle rend les données pleinement intelligibles en tissant entre elles un réseau serré de liens et d'enchaînements qui ne doivent rien au hasard.

Pourtant, il ne s'agit pas pour l'encyclopédie de se replier sur elle-même. Internet lui permet d'accueillir au quotidien les débats de son époque et de baliser des chemins sûrs, où chacun tracera son itinéraire personnel.

Somme toute, l'important tient au projet éditorial : CD-Rom / DVD-Rom, pages Web ou papier ne sont que des supports. À chacun de choisir celui qui lui convient le mieux, celui qui satisfait le mieux ses besoins et ses goûts.

SUITE

Corrigés

Exercice 1 A

Voici le texte tel qu'il a été publié sur le site *www.amazon.fr* :

> **Grandiose. Magnifique. Captivant. Magique. Les mots manquent pour qualifier cette brillante adaptation cinématographique d'un des plus grands romans d'heroïc fantasy.** *Le Seigneur des Anneaux* est un film-fleuve racontant l'épopée d'un jeune hobbit détenant un anneau aux pouvoirs très puissants, convoité par Sauron, seigneur des ténèbres qui se verrait bien dominer le monde grâce à celui-ci. Cette lutte entre le bien et le mal est illustrée avec maestria par Peter Jackson, fan du roman de J.R.R. Tolkien depuis toujours. La force des émotions partagées par des personnages attachants, courageux et valeureux, et l'horreur dégagée par les ennemis destructeurs s'allient à des décors et effets spéciaux impressionnants et jamais vus au cinéma. Une telle richesse d'images demande plusieurs visions pour découvrir tous les aspects du monde enchanté de Peter Jackson. Aventure, guerre, suspense, fantastique, amour, humour. Tout est là pour faire du *Seigneur des Anneaux* un très grand moment de cinéma. —*Marc Maesen*

L'accroche est simple et efficace.

Exercice 1 B

Ici, on s'adresse directement aux adolescents, pour capter leur attention, on peut y aller assez fort, par exemple :

> **Une horreur ! Oui, on parle bien de toi. Tu t'es vu ? Tes pantalons trop courts, ces vestes dans lesquelles tu ne rentres plus... Enfin, il paraît que c'est normal. Pas question pour autant de faire n'importe quoi.**
>
> Ton corps se transforme et se construit : en quelques années, l'enfant que tu étais se transforme en adulte. En 5 ans, ton poids va doubler, et pendant quelque temps, tu vas grandir de 9 à 12 cm par an : un centimètre par mois ! Tu ne peux donc pas te passer d'éléments de base pour construire tes os, tes muscles, tes tissus. Ces éléments ne peuvent venir que de l'alimentation. Tes besoins nutritionnels sont très importants, ce ne sont pas ceux d'un adulte ! Et il faut impérativement

les respecter et les satisfaire. Attention, donc, aux régimes à répétition, mais aussi aux repas déséquilibrés, au grignotage, etc.

Exercice 2

Propositions de chutes :

Somme toute, l'important tient au projet éditorial : CD-Rom / DVD-Rom, pages Web ou papier ne sont que des supports. À chacun de choisir celui qui lui convient le mieux, celui qui satisfait le mieux ses besoins et ses goûts **: « Qu'importe le flacon, pourvu qu'on ait l'ivresse. »**

Somme toute, l'important tient au projet éditorial : CD-Rom / DVD-Rom, pages Web ou papier ne sont que des supports. À chacun de choisir celui qui lui convient le mieux, celui qui satisfait le mieux ses besoins et ses goûts **: on peut préférer prendre le temps de flâner à bicyclette plutôt que foncer en Ferrari...**

Somme toute, l'important tient au projet éditorial : CD-Rom / DVD-Rom, pages Web ou papier ne sont que des supports. À chacun de choisir celui qui lui convient le mieux, celui qui satisfait le mieux ses besoins et ses goûts. **Et rien n'empêche, après tout, de les utiliser tous en fonction de ses envies du moment.**

L'Atelier

Bien écrire pour le Web

Cas particuliers

2

8. L'e-mail

L'OBJECTIF

Connaître les règles de rédaction propres à l'e-mail

Lorsqu'on a commencé à écrire des e-mails, rien ne semble plus naturel… Pourtant, la réussite de sa correspondance électronique repose sur un certain nombre de savoir-faire qui ne s'improvisent pas toujours. Dommage, car être un bon correspondant, c'est, aussi et surtout, une question de savoir-vivre !

Considérons que vous savez à qui vous écrivez, et que vous avez une idée précise de ce que vous voulez dire. Vient alors le moment de la rédaction du message. Sauf s'il s'impose de lui-même, nous vous conseillons en effet de remplir le champ réservé à l'objet de votre e-mail uniquement lorsqu'il aura été rédigé.

Un courrier électronique est bien du domaine de l'écrit, mais il a un statut à part, à mi-chemin, pourrait-on dire, entre la lettre officielle, qu'on continue généralement à envoyer sur papier, et le message SMS qu'on s'échange entre téléphones portables. La vitesse à laquelle votre message électronique peut arriver à son destinataire ne doit pas empêcher de prendre le temps nécessaire à une rédaction soignée. N'oubliez pas que vous écrivez pour les autres, et non pour vous-même : la plus élémentaire des courtoisies veut que l'on fasse alors l'effort d'être compris.

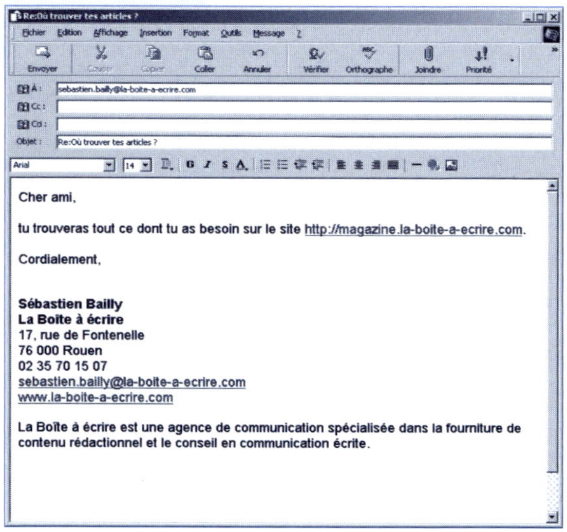

Il n'y a pour autant pas de conventions établies, à part la netiquette qui fixe quelques règles de savoir-vivre sur Internet. Ainsi, on a l'habitude de ne pas abuser des majuscules, à moins de vouloir signifier que l'on est en train de CRIER ! Il est également normal d'être concis, habitude qui date de l'époque où les débits étaient tels qu'il fallait du temps pour télécharger les messages les plus longs. Il reste d'ailleurs bien vu de mentionner que votre e-mail est long, le cas échéant, en faisant précéder son objet de la mention [long]. On agit de la sorte lorsque le message fait plus de 100 lignes. Ainsi, celui qui le reçoit pourra en entamer la lecture au moment qui lui semblera le plus opportun, qui le dérangera le moins.

Objet : [long] Divers renseignements à propos de l'écriture en ligne...

Au fur et à mesure de la démocratisation de l'e-mail, les usages s'affinent et l'on voit se dessiner, au moins, un certain consensus : les e-mails sont moins formels que les courriers envoyés par la poste. Ainsi, on abandonne généralement les formules d'appel comme Monsieur, ou Madame, au profit des prénoms des intéressés. Et les formules de politesse, qui, pour être bien utilisées, s'avèrent de véritables casse-tête, se voient limitées à leur plus simple expression :

- À +
- Cordialement,
- Amicalement,
- À bientôt,
- ...

Les salutations distinguées et autres considérations respectueuses sont reléguées au musée des curiosités des siècles passés. Pas vraiment étonnant, dans la mesure où Internet réunit, à l'origine, des personnes centrées sur des communautés d'intérêt, qui se sentent donc a priori proches. Cet esprit est resté. Et l'on se tutoie d'ailleurs assez rapidement, notamment lorsqu'on n'a de relations que par e-mail (ou par messagerie instantanée, chat, etc.).

L'avis de Philippe Baret, rédacteur en chef des sites vie-publique.fr et service-public.fr

Est-ce que l'e-mail a changé votre rapport à l'écriture ?
Oui, comme dans le cadre du forum et du chat. Mon écriture est plus spontanée, elle s'imprègne du langage parlé, elle intègre des raccourcis, des néologismes et des éléments visuels qui n'existaient pas avant l'écriture numérique. Dans un autre environnement, je reviens à une écriture plus orthodoxe.

SUITE

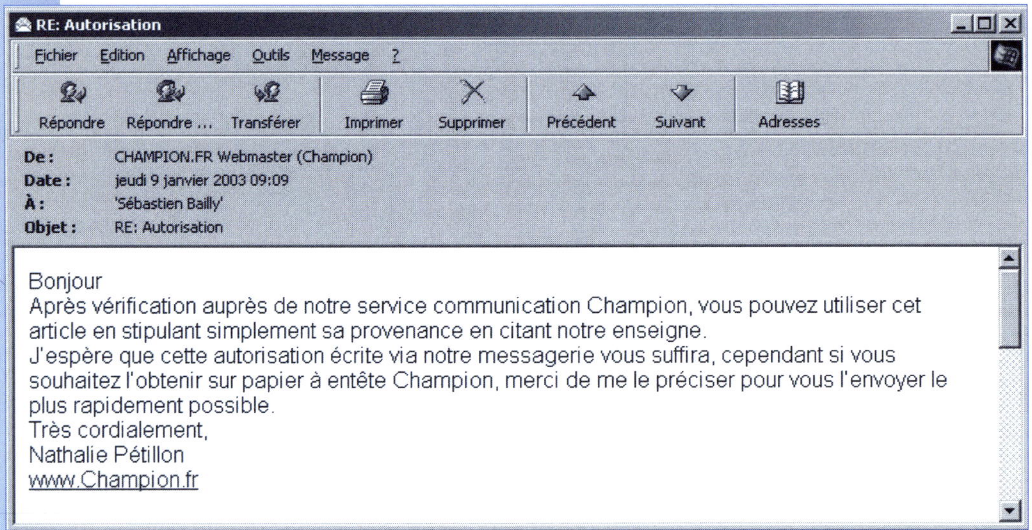

De : CHAMPION.FR Webmaster (Champion)
Date : jeudi 9 janvier 2003 09:09
À : 'Sébastien Bailly'
Objet : RE: Autorisation

Bonjour
Après vérification auprès de notre service communication Champion, vous pouvez utiliser cet article en stipulant simplement sa provenance en citant notre enseigne.
J'espère que cette autorisation écrite via notre messagerie vous suffira, cependant si vous souhaitez l'obtenir sur papier à entête Champion, merci de me le préciser pour vous l'envoyer le plus rapidement possible.
Très cordialement,
Nathalie Pétillon
www.Champion.fr

La rédaction d'un e-mail est plus « directe » que celle d'un courrier traditionnel

Pour autant, on ne peut pas tout écrire par e-mail. Pour une première raison : à moins d'être féru de sécurité informatique, on ne peut garantir la confidentialité de ce que l'on envoie par courrier électronique. Ne rien écrire, donc, dans un message qu'on n'écrirait pas au dos d'une carte postale timbrée ! Ensuite, certaines nouvelles doivent s'annoncer. Autrement rapide, mais aussi impersonnel, l'e-mail aura du mal à faire partager vos émotions. Une lettre d'amour aura toujours plus fière allure sur du papier délicatement parfumé, un licenciement sera toujours mieux vécu annoncé en tête à tête. Le second degré, notamment, ne passe pas toujours bien par e-mail. Il arrive que des échanges deviennent secs, cassants, alors qu'un coup de fil suffirait à arrondir les angles. Le mieux, quand les choses s'enveniment par mail, est de ne plus réagir à chaud, de dédramatiser, et d'essayer de se voir ou se parler...

Souvenez-vous, enfin, que les messages peuvent être facilement archivés. Alors, tournez plusieurs fois votre clavier entre vos mains avant d'envoyer un e-mail assassin, grossier ou malhonnête... Celui-ci pourrait bien ressurgir sur votre parcours au moment où vous vous y attendrez le moins.

N'oubliez pas de signer votre message, comme dans les courriers traditionnels ! Ce n'est pas parce que votre adresse figure sur l'enveloppe que vous n'ajoutez pas votre signature en bas de vos lettres... Par e-mail, vous signerez comme bon vous semble :

- ton loulou qui t'aime
- Jean Bon, avocat
- Arsène Lupin, gentleman-cambrioleur

Il est assez courant de faire suivre son nom de ses coordonnées (adresse, téléphone, fax, site Internet, e-mail...). Certains y ajoutent une maxime, une citation. C'est au choix. Voilà ce que peut donc donner une signature :

> Sébastien Bailly
> La Boîte à écrire, 17, rue de Fontenelle, 76 000 Rouen
> sebastien.bailly@la-boite-a-ecrire.com
> http://magazine.la-boite-a-ecrire.com
> http://www.la-boite-a-ecrire.com
> *Ce n'est pas parce que l'on a tort que les autres ont forcément raison.*

Dans le cas où vous avez, vous aussi, une signature aussi longue, nous vous engageons à utiliser l'option d'insertion automatique de signature de votre serveur de messagerie.

N'oubliez pas que votre logiciel de messagerie permet d'automatiser l'insertion de votre signature : pas la peine de la retaper à chaque fois. Vous pouvez même enregistrer plusieurs signatures, pour choisir au cas par cas celle qui correspond au type de message que vous envoyez (privé, professionnel, familial, etc.).

Le choix des destinataires

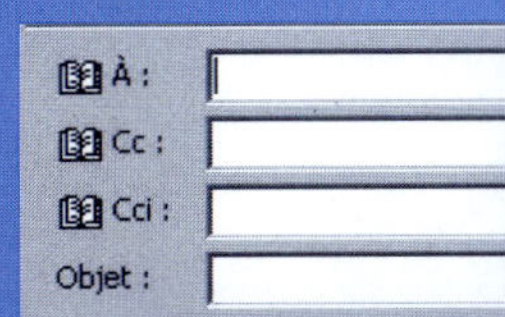

Attention ! Lorsque vous sélectionnez les destinataires d'un message, utilisez correctement les champs suivants :

- **À :** les e-mails des personnes à qui vous envoyez le message (les adresses sont toutes visibles par tous les destinataires).
- **Cc :** envoi d'une copie conforme du message aux adresses indiquées (les adresses sont toutes visibles par tous les destinataires).
- **Cci :** envoi d'une copie conforme du message aux adresses indiquées, mais les adresses des autres destinataires ne sont pas visibles. L'utilisation de ce champ est recommandée si vous envoyez un message à une liste de gens qui ne se connaissent pas entre eux, ou dont vous n'êtes pas sûr qu'ils connaissent réciproquement leurs adresses e-mail.

SUITE

LES LISTES DE DIFFUSION

Une liste de diffusion, c'est quoi ? En fait, c'est tout simplement un groupe de gens qui s'abonnent à un service qui leur permet de s'envoyer, à tous, les mêmes messages. Concrètement, on envoie un message à la liste, et tous les abonnés le reçoivent. Réciproquement, on reçoit tous les messages envoyés par l'ensemble des abonnés à la liste. Il existe des listes de diffusion sur tous les sujets que l'on peut imaginer, du bricolage à la politique en passant par le journalisme en ligne ou les stars de cinéma. À priori, les règles qui s'appliquent à l'e-mail s'appliquent également aux listes de diffusion. On peut même dire qu'elles s'appliquent a fortiori. En effet, lorsqu'on est abonné à une liste, on ne sait pas toujours qui sont les autres abonnés, tous ne s'expriment pas, ils peuvent être n'importe où dans le monde. Il faut donc prendre des précautions supplémentaires. D'abord, on doit considérer que le contexte dans lequel on vit n'est pas forcément connu : un correspondant francophone du Japon ne suit pas nécessairement l'actualité française dans les mêmes conditions que vous. Donc, il faut être le plus clair possible.

Ensuite, il faut prendre garde à l'humour : le second degré est parfois mal compris dans une discussion à deux, c'est encore plus risqué lorsque 150 ou 500 inconnus reçoivent votre message.

Enfin, on se doit de respecter une charte, que l'on lit généralement lorsqu'on s'abonne à la liste de diffusion. Cette charte rappelle généralement les grands principes de la netiquette, et précise certains points propres à la communauté que vous vous apprêtez alors à rejoindre (limitation des sujets, interdiction ou non des pièces attachées, etc.).

Dernier conseil, lorsque vous participez à une liste de diffusion, ne modifiez jamais l'objet des messages auxquels vous répondez : cela permet ensuite à tout un chacun de se repérer dans le fil d'une conversation.

Chacun peut créer sa propre liste de diffusion, mais, attention !, cela demande ensuite de véritables qualités d'animateur : recentrer les sujets, éviter les dérapages, pouvoir aller jusqu'à exclure un membre qui ne respecterait pas la charte de la liste. Autant de choses qu'il faut être prêt à assumer au quotidien.

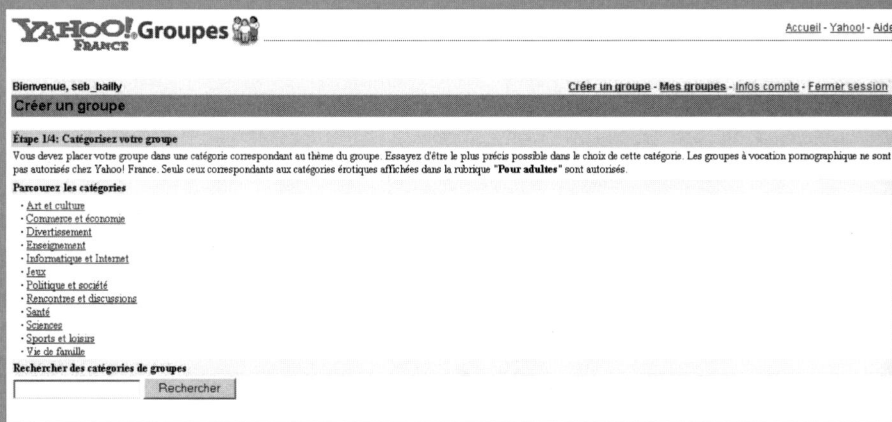

Le bon objet

Le texte de votre message est rédigé et signé ? C'est le moment de remplir le champ « objet ». C'est une action importante. En effet, lorsqu'il reçoit votre message, votre correspondant ne voit que trois choses : votre adresse (ou votre nom), la date et l'heure de réception, et le champ objet. C'est en fonction de ces trois renseignements qu'il choisira de lire ou non votre message.

À proscrire, donc, les objets du type « nouvelles », « message », « coucou »... Sauf si le simple fait que ce soit vous qui signez le message vous assure d'être lu !

Le mieux est donc de donner à votre message un objet informatif :

- Organisation de la réunion du 12 janvier
- Lis absolument le dernier roman de Francis Mizio
- Caroline m'a encore quitté

Lorsque vous répondez à un message, ne changez pas l'objet qui s'inscrit automatiquement : il indique que votre message est une réponse à un e-mail précédent. Son objet se présente sous la forme suivante :

Re : objet du message d'origine.

Si votre interlocuteur procède de la même façon, en laissant son logiciel gérer automatiquement l'objet de ses réponses, vous pourrez par la suite trier vos e-mails par objet et retrouver facilement tous les messages concernant un même sujet.

Rien n'empêche, ensuite, de démarrer son texte par un titre. Voyez, à ce sujet, l'exercice 5 de ce livre.

Les forums

De multiples sites Internet vous proposent de prendre la parole sur des forums. Il s'agit le plus souvent de forums thématiques ou liés à un article sur lesquels les responsables du site permettent aux internautes de s'exprimer.
Il existe plusieurs types de forums : non modérés (chacun peut écrire ce qu'il veut), modérés *a posteriori* (chacun écrit ce qu'il veut, mais tout est vérifié après), modérés *a priori* (tous les messages sont lus avant d'être publiés). Ce dernier cas est le plus répandu, pour de simples considérations légales : le responsable du site peut être tenu pour coresponsable de ce que vous y publiez.
L'ensemble des règles qui régissent l'écriture sur le Web doivent donc s'appliquer à l'écriture dans les forums, puisqu'il s'agit effectivement de textes qui seront amenés à rester en ligne sur les sites Internet concernés.
On doit aussi, dans une large part, appliquer les règles propres à l'email et aux listes de diffusion.

SUITE

Exercices

1 Le jeu des erreurs

Pouvez-vous faire la liste des erreurs commises dans cet e-mail ?

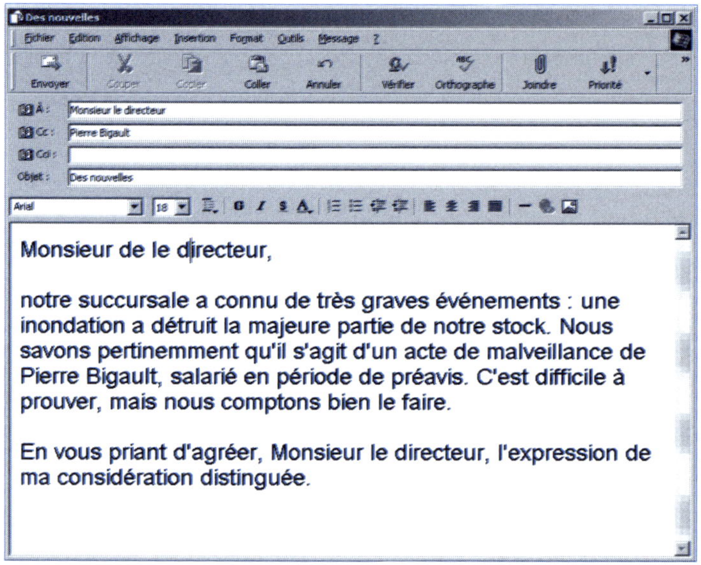
Des nouvelles

À : Monsieur le directeur

Cc : Pierre Bigault

Cci :

Objet : Des nouvelles

Monsieur de le directeur,

notre succursale a connu de très graves événements : une inondation a détruit la majeure partie de notre stock. Nous savons pertinemment qu'il s'agit d'un acte de malveillance de Pierre Bigault, salarié en période de préavis. C'est difficile à prouver, mais nous comptons bien le faire.

En vous priant d'agréer, Monsieur le directeur, l'expression de ma considération distinguée.

2 Quel objet pour ce message ?

Sébastien,

J'ai fini par recevoir tes documents en 4 ou 5 exemplaires.

Peux-tu me dire si tu as fait plusieurs envois avec des corrections ou s'agit-il exactement des mêmes fichiers, auquel cas je ne me fatigue pas à tout ouvrir ?

Merci.

Catherine

Corrigés

Exercice 1

La liste des erreurs

- L'objet du message est trop vague.
- Il n'y a pas de signature.
- Ce message incrimine nommément une personne : il peut se retourner contre vous (diffamation), d'autant que Pierre Bigault est destinataire du message.

Exercice 2

Il s'agit d'une demande de renseignements. Manifestement, c'est assez urgent, vu le ton du message. On peut penser aux objets suivants :

- Quels sont les bons fichiers ?
- Problème : combien de fichiers ?
- Vite : où sont les bons fichiers ?

De façon plus humoristique, l'auteur de ce message avait en fait titré « Doublons, triplons et quadruplons ». Ce n'est pas clair, mais c'est un clin d'œil, et, dans le fil d'un échange de mails, cela peut s'avérer tout à fait compréhensible. Tout dépend du contexte, du nombre de mails déjà envoyés dans la journée...

FIN

9. Dialoguer en direct

L'OBJECTIF

Maîtriser les subtilités des messageries écrites en direct sur Internet

Qu'il s'agisse de messagerie instantanée, ou de chat, les dialogues en direct sont de plus en plus nombreux sur Internet. Et le support utilisé pour s'envoyer des messages est bien le texte.

Ici, il s'agit toujours d'écrire sur Internet, mais l'on doit bien avouer que cela n'a pas grand-chose à voir avec l'écriture en ligne telle qu'elle est abordée dans le reste de ce livre. Rien de statique, mais généralement du texte qui s'affiche, et disparaît sans laisser de traces (enfin, presque, des fonctions d'historique permettent généralement de remonter dans le temps et de retrouver ce qui a été dit par les uns ou par les autres, sans compter qu'il est toujours possible de copier un passage au moment où il est émis – ce qui, avouons-le, fait long pour une parenthèse, au regard de ce qui a été dit précédemment sur la façon dont il faut écrire...).

En fait, ce type de messagerie constitue une pratique entièrement nouvelle de l'écriture, qui n'existe, de fait, que depuis le Minitel, et ne se démocratise et se généralise (dans le sens où elle devient généraliste) que parallèlement à l'évolution de l'usage d'Internet. Ici, les règles sont, plus qu'ailleurs, celles de l'usage. Autant dire que certaines se dégagent déjà, tandis que d'autres ont encore à se créer.

Pour se rendre compte de la particularité d'un dialogue en direct, il suffit de se connecter pour la première fois à ce type de service en ligne. Et l'on voit s'afficher sur son écran une suite de lignes de texte sans forcément de lien logique, pas forcément compréhensible :

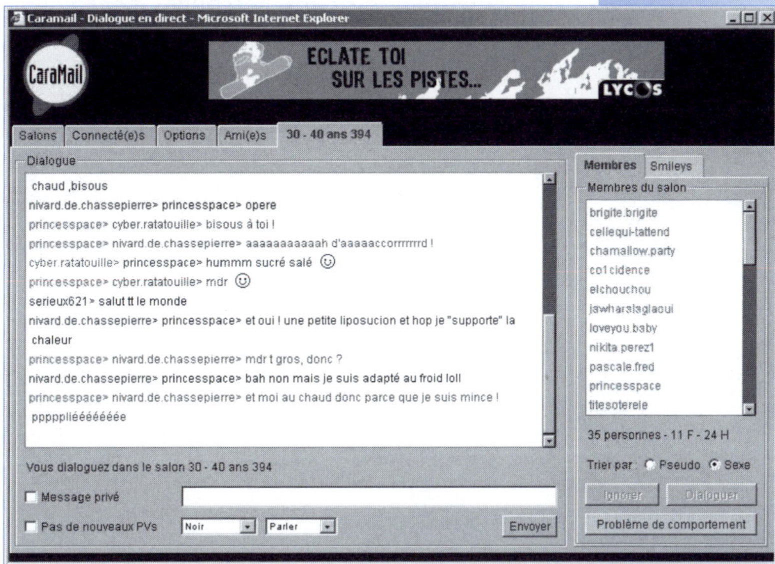

Qui parle, de quoi, à qui, comment ? Autant de règles qu'il faut apprendre pour se comporter correctement dans un « salon » de dialogue en direct comme celui présenté sur cette illustration. Nous nous en tiendrons ici aux meilleures façons de rédiger un message.

Les dialogues vont vite, c'est pourquoi on écrit le plus souvent des phrases très courtes. Le vocabulaire utilisé tient généralement plus de celui des SMS que de la littérature, même si, évidemment, tout est possible.

La plupart du temps, ces lieux ne sont que des lieux de rencontre, des lieux de loisir. Il n'y a pas de règles à proprement parler à donner dans ce cadre. Néanmoins, la messagerie instantanée, de type ICQ, AIM ou MSN, comme le chat, dans certaines conditions, peut être utilisée dans le cadre professionnel ou étudiant, en cas de télétravail, notamment. Il arrive aussi à certains d'être interviewé en ligne de cette façon, ou inversement, de participer à des événements, où l'on a l'occasion de discuter avec des personnalités.

Si ces applications sont encore trop rares, elles risquent de devenir de plus en plus courantes au fil des ans. Il devient donc important de savoir prendre la parole et s'exprimer clairement dans une discussion textuelle en ligne, comme on doit savoir le faire en réunion. Sinon, la situation tient un peu de la foire d'empoigne. Tout le monde parle en même temps, et ceux qui devraient

SUITE

répondre s'en sortent comme ils peuvent, ou profitent du brouhaha pour ne répondre qu'aux questions qui leur plaisent. Le plus difficile est de taper ses contributions au clavier en suivant le fil de la discussion à l'écran, une habitude à prendre que seule la pratique permet.

Dès que plus de deux personnes sont connectées simultanément et parlent ensemble, il convient d'indiquer clairement à quelle personne on s'adresse : « Mickey, tu me la donnes cette recette de tarte Tatin ? » Ensuite, il faut connaître les éléments spécifiques du langage utilisé : les smileys et les abréviations les plus courantes.

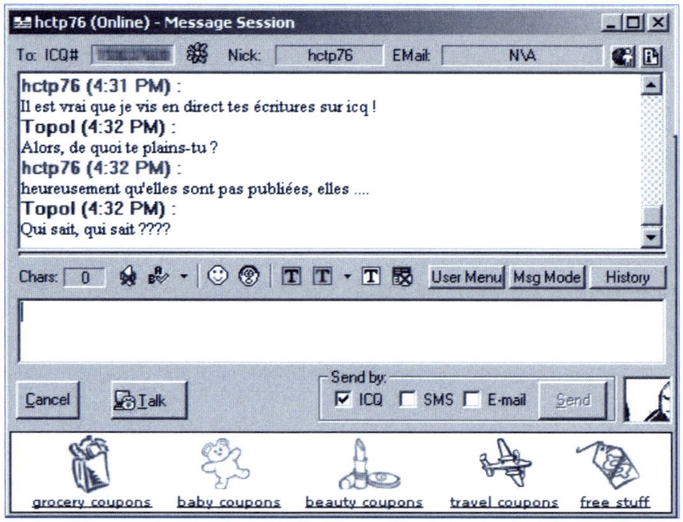

Les smileys

Il s'agit de suites de caractères qui ont une signification graphique, une espèce de hiéroglyphes technologiques en quelque sorte. Le plus connu est : -), regardez-le de biais, et vous verrez les deux yeux, le nez et le sourire d'un homme, ou d'une femme. On place ce smiley lorsqu'on veut dire qu'on sourit, tout simplement, seul, à la fin ou au milieu d'une phrase.

Les smileys compensent l'absence de contact direct entre les interlocuteurs. Ils sont utilisés bien au-delà des dialogues en direct : sites Internet, e-mails, SMS... En voici une liste non exhaustive, chacun étant accompagné de sa signification.

Les smileys les plus courants

:-)	Le smiley de base. Il est utilisé pour signaler une pointe d'humour, de la distance, le second degré
;-)	Smiley clin d'œil. Il a le même usage que le clin d'œil dans une discussion courante
:-(	Smiley mécontent
:-I	Smiley indifférent
:->	Smiley sarcastique
;->	Sarcasme et clin d'œil

Après ces cinq smileys, des centaines d'autres sont possibles, en voici une liste... Mais elle est loin d'être exhaustive, vous pouvez d'ailleurs inventer vos propres signes ! Avec le risque de ne plus du tout être compris....

(-:	L'utilisateur est gaucher
%-)	L'utilisateur est resté devant son écran pendant 15 jours
:*)	L'utilisateur est ivre
[:]	L'utilisateur est un robot
8-)	L'utilisateur porte des lunettes de soleil
B:-)	Lunettes de soleil sur la tête
::-)	L'utilisateur porte des lunettes normales
B-)	L'utilisateur a mis des lunettes de grand-mère
8:-)	L'utilisateur est une petite fille (avec un nœud dans les cheveux...)
:-)-8	L'utilisateur est une femme
:-{)	L'utilisateur a des moustaches
:-{}	L'utilisateur a mis du rouge à lèvres
{:-)	L'utilisateur a mis un béret/une perruque
:-[	L'utilisateur est un vampire
:-E	Vampire avec un dentier

SUITE

:-F	Vampire avec un dentier auquel il manque une dent
:-7	L'utilisateur fait la grimace
:-)~	L'utilisateur bave
:-~)	L'utilisateur a la grippe
:'-(	L'utilisateur pleure
:'-)	L'utilisateur rit tellement qu'il en pleure
:-@	L'utilisateur crie
:-#	L'utilisateur porte des bretelles
:^)	L'utilisateur a le nez cassé
:v)	L'utilisateur a le nez cassé mais dans l'autre sens
:-p	L'utilisateur tire la langue
=:-)	L'utilisateur a un entonnoir sur la tête
-:-)	L'utilisateur est un punk
-:-(	Mais un vrai punk ne sourit jamais !
:=)	L'utilisateur a 2 nez
+-:-)	L'utilisateur est un prêtre
`:-)	L'utilisateur s'est rasé un sourcil ce matin
,:-)	La même chose... mais de l'autre côté
|-I	L'utilisateur dort
|-O	L'utilisateur bâille/ronfle
:-Q	L'utilisateur est un fumeur
:-?	L'utilisateur fume la pipe
O-)	L'utilisateur est un homme-grenouille
O :-)	L'utilisateur est un ange
:-S	L'utilisateur vient de tenir des propos incohérents
:-D	L'utilisateur rit

:-X	L'utilisateur fronce des lèvres...
:-/	L'utilisateur est sceptique
C=:-)	L'utilisateur est un chef, un patron
@=	L'utilisateur est pour le nucléaire
*<:-)	L'utilisateur porte le chapeau de saint Nicolas
:-o	Oh oh !
(8-o	Oooohhh ?!
*:o)	Bozo le Clown
3:]	Animal domestique
3:[	Le même, mais pas content
d8=	Votre castor apprivoisé qui porte des lunettes et un chapeau-melon
E-:-)	L'utilisateur capte la radio (antenne sur la tête)
:-9	L'utilisateur se lèche les babines
[:-)	L'utilisateur écoute son baladeur
(:I	L'utilisateur est une tête d'œuf
<:-I	L'utilisateur est un âne
K:P	Un enfant avec un chapeau à hélices
@:-)	L'utilisateur porte un turban
:-o	Ne criez pas ! (silence)
:-:	Smiley mutant
	L'homme invisible
.-)	L'utilisateur est borgne
,-)	Idem... mais il fait un clin d'œil
X-(	L'utilisateur vient de mourir
8 :-)	L'utilisateur est un magicien

SUITE

Notez que la plupart de ces smileys peuvent aussi s'écrire sans le nez, c'est plus rapide, et généralement tout autant compréhensible :

:)	Content
:>	Quoi ?
:@	Quoi ?
:D	Rieur
:I	Hmmm...
:(	Triste
:[	Vraiment au fond du gouffre
:<	Quoi ?
:{	Quoi ?
:O	Crieur
:C	Quoi ?
:Q	Quoi ?
:,(	Pleurnicheur
[]	Étreint
:*	Embrasse
|I	Endormi
|∧o	Ronfle

À l'inverse, on peut imaginer des smileys géants, qui en disent long !

C=}>;*{})	Un patron ivre, sarcastique, avec une perruque à l'envers, une moustache, et un double menton !!

Au-delà, on peut parler d'art ASCII...

```
                                     _------Q--\
                                    /~          )
                                  <____________/
                                  /  _  )))))))))
              []                /       (((((((((
            |~~~|              (____/'  ))))))))))
            |   |                 ))))))))))))))))           |\
            |   |                (((((((((((((((((          / |
            |   |    /~~\----------/|  //      \           | _/
            |   |<===|  ===]       ||//     \    \____    //'
          //|   |    \__/~~~~~~~~~~|^      _--~~~    ~~~-//
         // |   |                  |      /   ()    ()  // )
        //  |   |                  |      |  ()      _-//-~
       //   |   |                 ((((((((| ()      (_//
      //    |   |                  |  :   |           ~~---_
     //     |   |                  |  |    \  ()      ()    )
    //      |   |                  |  |    ~--__        __-~
   //       |___|                  |  |        |~//~~~~~~
  //        //  \                /  /          |//
 //        //     \            (___(___________|  - jurcy -
//      [==]       [==]
```

Les abréviations

En plus des smileys, de nombreuses abréviations sont utilisées dans les dialogues en direct. Cela tient au fait qu'à moins d'être un as de la dactylographie, on ne peut pas faire autrement lorsqu'on veut intervenir rapidement dans une conversation. Et certains mots sont si courants que, rapidement, les abréviations se sont imposées à tous. Cela donne :

2	De
A+	À plus tard.
a2m1	À demain
Ad'taleur	À tout à l'heure
Aïe	Pour exprimer une douleur ou un fort désaccord
Arffffff	Rire, le nombre de f exprimant la force du rire
ASAP	(As soon as possible) Le plus vite possible
ASV	Âge, Sexe, Ville ? Une façon peu poétique, mais courante, de demander les premiers renseignements sur un ou une inconnue

SUITE

Beeerk	S'utilise pour exprimer son dégoût, le dégoût augmente avec le nombre de e
bjr	Bonjour
bsr	Bonsoir
C	C'est
cad	C'est-à-dire
Cfo	C'est faux
CU	See you ! (À plus tard)
CV	Abréviation de carte de visite.
d100	Descends
dak	D'accord
F.A.Q	Signifie « questions fréquemment posées » ou « Foire Aux Questions »
G	J'ai
G la N	J'ai la haine
GRRRR	Exprime le mécontentement. Le nombre de R est proportionnel à l'émotion ressentie
JT'M	Je t'aime
Kan ?	Quand ?
Kdo	Cadeau
kestu X	Qu'est-ce que tu crois ?
Kiécki?	Abréviation phonétique de « qui est-ce qui ? », de nombreuses variantes sont disponibles : kiélà ? Kikéla ?
Koa?	Abréviation phonétique de « quoi ? ». Certains préfèrent « koua ? », mais parfois, on se demande si on gagne vraiment du temps à utiliser des abréviations aussi longues que les mots d'origine ;-)
Koi?	Quoi
koi 2 9	Quoi de neuf ?

Kta	Catastrophe
LOL	(laughing out loud) Rire aux éclats
MDR	Mort de rire (MDR est donc la traduction de LOL...)
mr6	Merci
Nan	Ce n'est pas plus court que d'écrire non mais on n'arrête pas le progrès
NRV	Énervé
OQP	Occupé
Ouaips	Pour exprimer son approbation
Oups	Pour s'excuser
Slt	Abréviation de Salut
SQZ	Excuse-moi !
STP	S'il te plaît
T	Tu es
vazi	Vas y !
Vi	Dérive phonétique de « Oui »
Yeap!	Pour dire oui

Fort de ces quelques éléments de base, vous voilà à même de commencer à discuter en direct sur Internet. N'oubliez pas d'être poli, courtois, bref, de vous comporter plutôt comme dans un repas de famille que comme un homme au volant...

SUITE

Exercices

Afin de tester vos capacités à dialoguer en ligne, voici un questionnaire. Entourez ou donnez les bonnes réponses aux questions et reportez-vous ensuite à la correction qui suit.

1 *Une inconnue vous demande :*

– ASV ?

Vous répondez :

a- Non, je n'ai pas trop servi

b- À vos souhaits

c- J'ai 35 ans, je suis un homme de Paris

2 *Pour dire rapidement votre mécontentement, vous utilisez quel smiley ?*

a- ;-)

b- 6-@

c- :-(

3 *Quelle est la signification de ce smiley* ;-> ?

a- Clin d'œil et col en V

b- Larme à l'œil et langue pendante

c- Clin d'œil et sarcasme

4 *Pouvez-vous traduire cette phrase ?*

oups, SQZ STP MR6

a- Désolé, je suis occupé le mercredi

b- Excusez-moi, Monsieur, s'il vous plaît

c- Désolé, excuse-moi s'il te plaît. Merci

5 *Pour finir avec le jeu des questions-réponses, quelles sont, à votre avis, les significations des smileys suivants ?*

a- =======:}

b- @}->——

c- ><-^) ;>

Corrigés

1) c

2) c

3) c

4) c

5) a : un serpent ; b : une fleur ; c : un poisson !

Anatomie d'un smiley

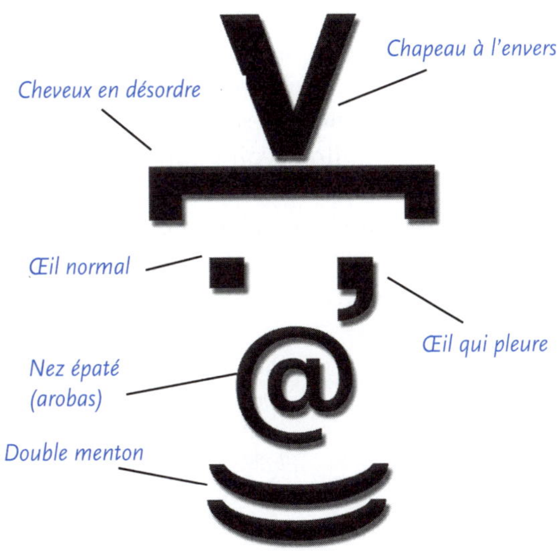

Gros fou au nez épaté qui vient de se réveiller et dont un œil pleure

10. La newsletter

L'OBJECTIF

Connaître les règles de rédaction spécifiques aux newsletters

Dans la gamme des services de contenu proposés sur Internet, les newsletters ont plus d'un atout. L'internaute s'y est normalement inscrit de son plein gré, et il reçoit, régulièrement, de vos nouvelles directement dans sa boîte d'e-mail. Cette facilité ne doit pas faire oublier que la rédaction de la newsletter doit permettre d'atteindre les objectifs que l'on s'est initialement fixés : créer du trafic sur son site Internet, offrir de l'information, promouvoir ses produits, etc.

Une newsletter est initialement là pour transmettre de l'information, pas de la publicité, pas des messages marketing, mais du contenu. Pensez-vous sincèrement que quelqu'un qui s'abonne à une newsletter aimerait recevoir, chaque semaine, un nouveau dépliant publicitaire dans sa boîte aux lettres ? Non. Il ne faut pas confondre newsletter et e-mailing (voir chapitre suivant).
Reste que dans ce domaine, on a le choix entre deux solutions : soit l'information est totalement contenue dans la newsletter elle-même, soit elle est sur un site Web associé vers lequel on renvoie pour créer du trafic.

Toute l'information dans la newsletter

Si toute l'information est contenue dans la newsletter, celle-ci contient des articles complets, qui se suffisent à eux-mêmes. Dans ce cas, il faut, plus encore que lorsqu'on met des articles en ligne, que ceux-ci soient courts : l'internaute a certes choisi de recevoir votre lettre, mais s'il lui faut trop de temps pour la télécharger, il se désabonnera rapidement. Et il fera sans doute de même si la newsletter est trop longue à lire. C'est d'autant plus vrai si vous lui offrez des informations commerciales plutôt que du contenu !

Pour éviter un trop long temps de téléchargement, on évitera évidemment les images trop lourdes en privilégiant le texte sur le graphisme. Votre newsletter n'en sera que plus facile à imprimer et à lire dans les transports en commun !

Certains vont même jusqu'à envoyer leurs newsletters au format texte, ce qui n'autorise que très peu d'effets de mise en page, mais assure la meilleure compatibilité quel que soit le logiciel de messagerie utilisé. Le format HTML, par contre, permet de véritables mises en page élaborées. Le tout, dans ce cas, est de rester raisonnable, et de ne pas envoyer de messages trop lourds à télécharger.

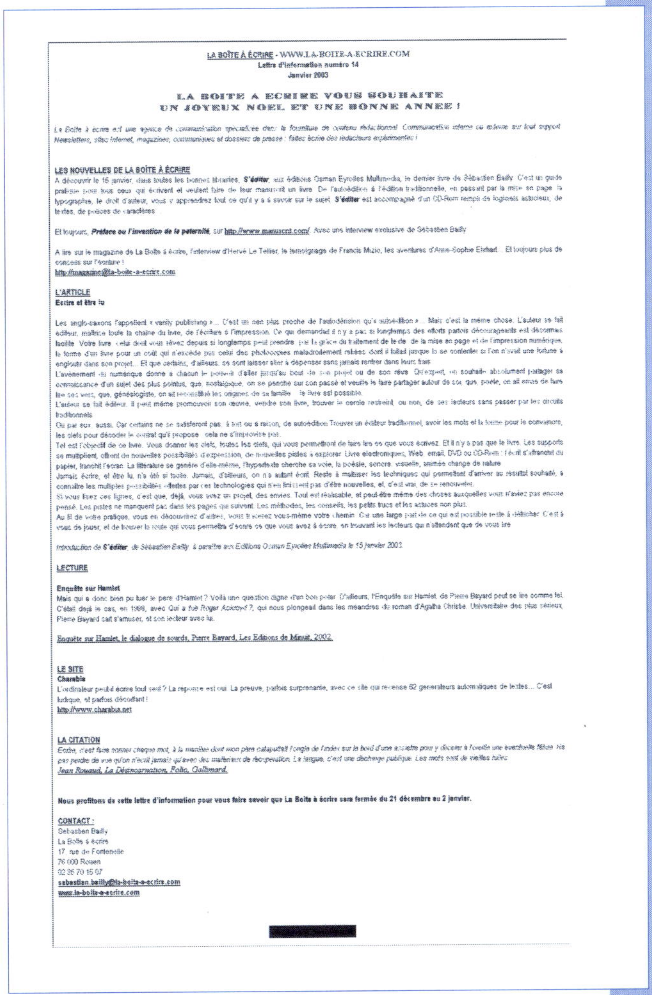

LA BOÎTE À ÉCRIRE - WWW.LA-BOITE-A-ECRIRE.COM
Lettre d'information numéro 14
Janvier 2003

LA BOITE A ECRIRE VOUS SOUHAITE UN JOYEUX NOEL ET UNE BONNE ANNEE !

La Boîte à écrire est une agence de communication spécialisée dans la fourniture de contenu rédactionnel. Communication interne ou externe sur tout support. Newsletters, sites Internet, magazines, communiqués et dossiers de presse : faites écrire des rédacteurs expérimentés !

LES NOUVELLES DE LA BOÎTE À ÉCRIRE
A découvrir le 15 janvier, dans toutes les bonnes librairies, ***S'éditer***, aux éditions Osman Eyrolles Multimedia, le dernier livre de Sébastien Bailly. C'est un guide pratique pour tous ceux qui écrivent et veulent faire de leur manuscrit un livre. De l'autoédition à l'édition traditionnelle, en passant par la mise en page, la typographie, le droit d'auteur, vous y apprendrez tout ce qu'il y a à savoir sur le sujet. ***S'éditer*** est accompagné d'un CD-Rom rempli de logiciels astucieux, de textes, de polices de caractères.

Et toujours, ***Préface ou l'invention de la paternité***, sur http://www.manuscrit.com/. Avec une interview exclusive de Sébastien Bailly.

A lire sur le magazine de La Boîte à écrire, l'interview d'Hervé Le Tellier, le témoignage de Francis Mizio, les aventures d'Anne-Sophie Ehrhart... Et toujours plus de conseils sur l'écriture !
http://magazine@la-boite-a-ecrire.com

L'ARTICLE
Ecrire et être lu

Les anglo-saxons l'appellent « vanity publishing »... C'est un rien plus proche de l'autoédition qu'« autoédition »... Mais c'est la même chose. L'auteur se fait éditeur, maîtrise toute la chaîne du livre, de l'écriture à l'impression. Ce qui demandait il n'y a pas si longtemps des efforts parfois décourageants est désormais facile. Votre livre, celui dont vous rêvez depuis si longtemps peut prendre, par la grâce du traitement de texte, de la mise en page et de l'impression numérique, la forme d'un livre pour un coût qui n'excède pas celui des photocopies maladroitement reliées dont il fallait jusque là se contenter si l'on n'avait une fortune à engloutir dans son projet... Et que certains, d'ailleurs, se sont laissé aller à dépenser sans jamais rentrer dans leurs frais.
L'avènement du numérique donne à chacun le pouvoir d'aller jusqu'au bout de son projet ou de son rêve. Qu'expert, on souhaite absolument partager sa connaissance d'un sujet des plus pointus, que, nostalgique, on se penche sur son passé et veuille le faire partager autour de soi, que, poète, on ait envie de faire lire ses vers, que, généalogiste, on ait reconstitué les origines de sa famille... le livre est possible.
L'auteur se fait éditeur. Il peut même promouvoir son œuvre, vendre son livre, trouver le cercle restreint, ou non, de ses lecteurs sans passer par les circuits traditionnels.
Ou par eux, aussi. Car certains ne se satisferont pas, à tort ou à raison, de autoédition. Trouver un éditeur traditionnel, avoir les mots et la forme pour le convaincre, les clefs pour décoder le contrat qu'il propose... cela ne s'improvise pas.
Tel est l'objectif de ce livre. Vous donner les clefs, toutes les clefs, qui vous permettront de faire lire ce que vous écrivez. Et il n'y a pas que le livre. Les supports se multiplient, offrent de nouvelles possibilités d'expression, de nouvelles pistes à explorer. Livre électronique, Web, email, DVD ou CD-Rom : l'écrit s'affranchit du papier, franchit l'écran. La littérature se génère d'elle-même, l'hypertexte cherche sa voie, la poésie, sonore, visuelle, animée change de nature.
Jamais écrire, et être lu, n'a été si facile. Jamais, d'ailleurs, on n'a autant écrit. Reste à maîtriser les techniques qui permettent d'arriver au résultat souhaité, à connaître les multiples possibilités offertes par ces technologies qui n'en finissent pas d'être nouvelles, et, c'est vrai, de se renouveler.
Si vous lisez ces lignes, c'est que, déjà, vous avez un projet, des envies. Tout est réalisable, et peut-être même des choses auxquelles vous n'aviez pas encore pensé. Les pistes ne manquent pas dans les pages qui suivent. Les méthodes, les conseils, les petits trucs et les astuces non plus.
Au fil de votre pratique, vous en découvrirez d'autres, vous tracerez vous-même votre chemin. Car une large part de ce qui est possible reste à défricher. C'est à vous de jouer, et de trouver la route qui vous permettra d'écrire ce que vous avez à écrire, en trouvant les lecteurs qui n'attendent que de vous lire.

*Introduction de **S'éditer**, de Sébastien Bailly, à paraître aux Editions Osman Eyrolles Multimedia le 15 janvier 2003.*

LECTURE

Enquête sur Hamlet
Mais qui a donc bien pu tuer le père d'Hamlet ? Voilà une question digne d'un bon polar. D'ailleurs, l'Enquête sur Hamlet, de Pierre Bayard peut se lire comme tel. C'était déjà le cas, en 1998, avec *Qui a tué Roger Ackroyd ?*, qui nous plongeait dans les méandres du roman d'Agatha Christie. Universitaire des plus sérieux, Pierre Bayard sait s'amuser, et son lecteur avec lui.

Enquête sur Hamlet, le dialogue de sourds, Pierre Bayard, Les Editions de Minuit, 2002.

LE SITE
Charabia
L'ordinateur peut-il écrire tout seul ? La réponse est oui. La preuve, parfois surprenante, avec ce site qui recense 62 générateurs automatiques de textes... C'est ludique, et parfois décoiffant !
http://www.charabia.net

LA CITATION
Ecrire, c'est faire sonner chaque mot, à la manière dont mon père catapultait l'ongle de l'index sur le bord d'une assiette pour y déceler à l'oreille une éventuelle fêlure. Ne pas perdre de vue qu'on n'écrit jamais qu'avec des matériaux de récupération. La langue, c'est une décharge publique. Les mots sont de vieilles fripes.
Jean Rouaud, La Désincarnation, Folio, Gallimard.

Nous profitons de cette lettre d'information pour vous faire savoir que La Boîte à écrire sera fermée du 21 décembre au 2 janvier.

CONTACT :
Sébastien Bailly
La Boîte à écrire
17, rue de Fontenelle
76 000 Rouen
02 35 70 15 07
sebastien.bailly@la-boite-a-ecrire.com
www.la-boite-a-ecrire.com

[redacted]

SUITE

Une newsletter qui renvoie sur votre site

Votre objectif, en éditant une newsletter, est peut-être de pousser l'internaute à venir visiter votre site. On choisit alors généralement de présenter dans la newsletter un certain nombre d'articles, et l'on donne la possibilité au lecteur d'en savoir plus.

Chaque article est alors présenté en quelques lignes, par une sorte de chapô : l'équivalent d'une bande annonce qui donne envie d'aller plus loin en cliquant sur le lien qui est placé en dessous. Ces lignes s'écrivent donc comme le chapô : ce n'est pas le début de l'article. On peut y ajouter, c'est conseillé, le titre, voire le surtitre.

Notez que le plus souvent, les lettres d'information jouent sur les deux tableaux et proposent des articles entiers d'une part et des liens vers des pages Web d'autre part. Ainsi, une partie de la lettre se suffit à elle-même, tandis que l'autre nécessite qu'on clique vers un site Web.

Comme la newsletter est un rendez-vous régulier, que les abonnés sont des fidèles, tout doit être fait pour faciliter la vie de ces lecteurs. Ainsi, il convient que, d'un numéro à l'autre, la newsletter offre un contenu comparable, en qualité, en longueur, mais aussi en structure : les brèves au début, les points approfondis ensuite, un dessin... La newsletter est une carte de visite pour votre site.

N'oubliez jamais qu'il s'agit d'un rendez-vous : l'expéditeur de la newsletter ne doit pas changer d'un numéro à l'autre, ce qui facilite le repérage et permet le tri automatique de l'e-mail par les logiciels de messagerie. Et l'objet ? Servez-vous en comme d'un « mini-sommaire » qui donne envie de lire le contenu du message.

De :	Journal du Net
Date :	vendredi 24 janvier 2003 11:47
À :	sba
Objet :	24/01 : Kazaanautes en peril ? / FT-Free, suite, PriceMinister, PME, Stockho, Renault, Livres, Nominations...

L'objet est ici un véritable sommaire.

Nous avons sélectionné quelques exemples, que nous commentons, pour vous montrer l'étendue des possibilités offertes par les newsletters, et, peut-être, quelques erreurs de conception à éviter en fonction de vos propres objectifs.

Le choix de la sobriété

Cette lettre d'information fait le choix de la sobriété : pas d'image, que du texte, mais que de texte ! Elle s'adresse à des gens que le sujet intéresse. C'est une newsletter d'information, qui renvoie, pour ceux qui veulent en savoir plus, vers le site émetteur, pour certaines parties, ou vers les sites qui permettent d'en savoir plus sur tel ou tel point.

En termes de communication, l'effort n'est pas mis sur la forme, mais bien sur le fond. C'est un choix qui s'avère ici judicieux : cette lettre connaît un grand succès. Mais elle n'est pas du tout « grand public ».

La Lettre de la Fondation Internet Nouvelle Génération
n°101, le 19 Décembre 2003

Le choix de l'apparence

Ici, la mise en page est soignée. On se croirait dans une page Web ! C'est plus grand public, plus attrayant. Un ou deux paragraphes sont proposés sur chaque sujet ; pour en savoir plus, il faut aller voir sur les sites proposés. La mise en page rend l'ensemble très efficace.

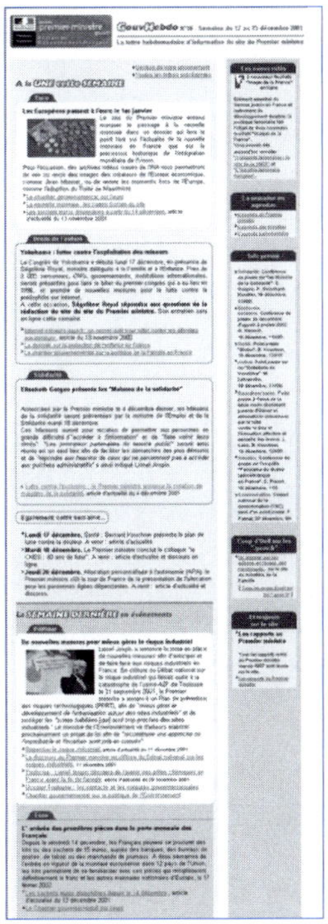

SUITE

La lettre d'appel

Voilà une lettre pauvre en contenu. Il n'y a quasiment pas de rédactionnel. La mise en page est médiocre (comparez avec la précédente !). Pas d'effort sur la forme, et pour le contenu, ce sera à l'internaute de faire tout l'effort en cliquant sur des liens qui sont simplement titrés (difficile de savoir de quoi il est question !).

Ce type de lettre peut fonctionner, si l'internaute est partie prenante : il doit être actif, très demandeur, et connaître le sujet dont il est question.

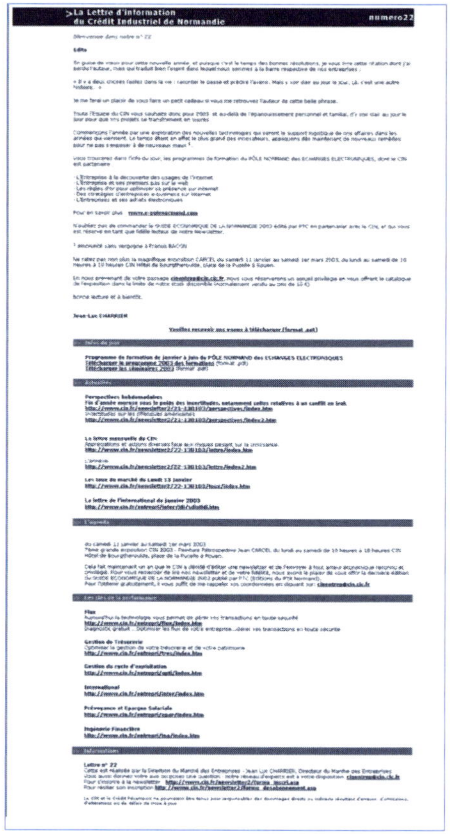

>La Lettre d'information
du Crédit Industriel de Normandie numero22

Edito

Bonne lecture et à bientôt.

Jean-Luc CHARRIER

Programme de formation de janvier à juin du PÔLE NORMAND des ECHANGES ELECTRONIQUES

Le lettre mensuelle du CIN

La lettre de l'international de janvier 2003

Gestion de Trésorerie

International

Prévoyance et Epargne Salariale

Ingénierie Financière

Lettre n° 22

Les règles d'or de la newsletter

- Choisissez une périodicité et respectez-la ! Vérifiez donc que vous aurez les moyens de produire une lettre hebdomadaire si vous vous y engagez, et que la qualité sera égale d'une semaine à l'autre.
- Fixez une date pour l'envoi de votre lettre, et respectez-la ! Rien ne vaut pour fidéliser vos lecteurs l'habitude de lire votre lettre tel jour à telle heure.
- N'envoyez pas de lettre sans autorisation.
- Offrez à vos lecteurs la possibilité de se désabonner.

Exercices

1 **Rédigez en quelques lignes les commentaires que vous inspire cette newsletter. Quelles améliorations proposeriez-vous ?**

Bonjour,

Vous découvrez la Lettre d'actualité EMME de juin/juillet 2002. Nous vous en souhaitons bonne lecture.
http://www.emme.com/lettre_emme_10/lettre.htm

-----l'Evenement---
L'événement ce mois-ci chez EMME est le lancement du livre " Making of d'un jeu vidéo - les personnages de La Belle ou la Bête ".
http://www.emme.com/lettre_emme_10/evenement.htm

----Avant Première--
Découvrez la collection Les Mouzz et Les Mini Mouzz pour accompagner les enfants de la maternelle au CM2 à la rentrée 2002.
http://www.emme.com/lettre_emme_10/evenement.htm

----Plein Phare sur--
Plein phare sur "Cédric: Chen a disparu" et les 2 CD-ROM "Madame Bonheur et l'épouvantable épouvantail"; "Monsieur Curieux et le pique-nique surprise" de la collection de "Monsieur Bonhomme et les Dames".
http://www.emme.com/lettre_emme_10/edito.htm

----Sorties du mois---
Ce mois-ci les sorties : Les CD-ROM Arc-en-ciel avec le CD Audio des meilleurs tubes du plus beau poisson des océans, Savoir se défendre sans avocat, CV et lettres de motivation, Cuisine des grands chefs, Médiathèque CD, DVD et VHS, Jeux Taro, Barbu, Rami, Poker, Belote, Crapette, Clubs et Assoces - votre gestion.
http://www.emme.com/lettre_emme_10/sorties_du_mois.htm

---Portrait--
Claire Moronval, Responsable des Opérations Spéciales de EMME.
http://www.emme.com/lettre_emme_10/portrait.htm

----Agenda---
L'actualité EMME en rendez-vous : les chiffres d'affaires, les perspectives du groupe EMME et les jeux concours.
http://www.emme.com/lettre_emme_10/portrait.htm

La Lettre EMME est éditée par la société EMME
48, boulevard des Batignolles
75017 PARIS

SUITE

2 Quels commentaires vous inspire cette newsletter ?

newsletter LIRE.fr

Lire.fr du 13 janvier 2003

Entretien

Jürgen Habermas

©J. Sassier/ Gallimard

A travers son dernier livre *L'avenir de la nature humaine*, Jürgen Habermas déploie une contribution originale à l'un des débats de philosophie morale et politique les plus actuels qui soient: le libre-service génétique. Rencontre. »»

L'avenir de la nature humaine. Vers un eugénisme libéral?, Jürgen Habermas, Gallimard

Romans français

Au sein de la famille Mic-Mac

Yann Queffélec connaît si bien la recette du roman populaire qu'il semble avoir voulu se lancer un nouveau défi en forçant encore sur la dose de chaque ingrédient. »»

Boris, après l'amour, Yann Queffélec, Fayard

Documents

Camus à *Combat*

Pendant un an et demi, la vie de Camus s'est confondue avec celle de *Combat*, pour donner l'une de ses plus belles pages à l'histoire de la presse française. »»

Camus à Combat. Editoriaux et articles d'Albert Camus 1944-1947, Jacqueline Lévi-Valensi, Gallimard

Bandes dessinées

La dérive nocturne de Lola

Blutch est l'étoile montante de la bande dessinée française. Après l'étonnant *Blotch*, il nous entraîne à la suite de son héroïne Lola, danseuse contemporaine martyrisée par une sorte de Merce Cunningham libidineux. »»

Vitesse moderne, Blutch, Dupuis

Idées

Le vocabulaire des philosophes: de l'Antiquité à la Renaissance

Les éditions Ellipses ont regroupé en quatre volumes, les vocabulaires des philosophes qu'elles avaient publiés sous forme de fascicules séparés. »»

Le vocabulaire des philosophes, Collectif, Ellipses

Le Web littéraire avec Auteurs.net

Winsor McCay, pionnier de l'animation

Le comic strip *Petit Sammy éternue* de Winsor McCay est quasiment introuvable aujourd'hui. La version intégrale que le portail Coconino World met à portée de souris constitue une véritable aubaine pour les passionnés. »»

Contactez-nous

Pour vous désabonner, rendez-vous sur cette page :
http://www.lire.fr/desabonnement/

Pour nous envoyer un message, contact@lire.fr

Nos extraits

Crise d'asthme »»
Etgar Keret, Actes Sud

Imbécile heureux »»
Kéthévane Davrichewy, L'école des loisirs

Au jour le jour

Nouvelle formule pour Book en stock
Book en stock, le DVD magazine du livre, change de formule. »»

Images d'Algérie
Images d'Algérie de Pierre Bourdieu à l'Institut du monde arabe. »»

Robert Laffont grand gagnant
En 2002, les éditions Robert Laffont ont squatté les listes des meilleures ventes. »»

Nos forums

Secrets, bruits et ragots
Faut-il tout savoir d'un écrivain pour apprécier ses livres ? »»

Vous et la littérature en 2002
Quignard, Franzen, Roth, Cortanze, Nothomb... qui retiendrez-vous ? »»

Les sites du Groupe Express-Expansion

LEXPRESS livres
Révélée par *Sans moi*, roman qui avait su soulager les maux d'une génération, Marie Desplechin passe de l'autre côté du miroir et se frotte au surnaturel. Pari risqué

LEXPRESS.fr
Raffarin-Sarkozy : bla-bla ou réforme?

Lexpansion.com
Enquête sur le big bang des banques

Lentreprise.com
Ressources Humaines : j'ai tenté de recruter par l'intérim en ligne

Laviefinanciere.com
La Bourse en chiffres, en analyses, en prévisions et en conseils

Corrigés

Exercice 1

Cette newsletter est au format texte, ce qui ne permet aucun effet graphique, mais assure qu'elle pourra être lue sur tous les ordinateurs. Elle est néanmoins très structurée, offre l'essentiel de l'info en quelques lignes sur chaque sujet et invite les personnes intéressées à aller plus loin sur le site de la société concernée.

On pourrait améliorer la présentation de la lettre, en passant au HTML, et, sans nécessairement faire plus long, ajouter quelques images : des captures d'écran des logiciels dont il est question, par exemple.

Exercice 2

Voilà une newsletter parfaitement présentée. Elle n'est pas trop longue, c'est important puisque l'on sait que l'internaute a quelques réticences à faire défiler les écrans. La colonne de droite propose des liens de façon assez « sèche », mais le corps de la newsletter offre des résumés d'articles, qui disent l'essentiel. Pour en savoir plus, on peut prendre le temps de se rendre sur le site.

11. L'e-mailing

L'OBJECTIF

Rédiger des documents promotionnels envoyés par e-mail

L'e-mailing peut-être utilisé par toutes les entreprises qui ont des produits ou des services à vendre. La technique est assez facile à mettre en œuvre et très peu coûteuse : elle consiste simplement à envoyer un e-mail commercial à une liste de prospects. Mais les résultats ne suivent pas toujours. Première tâche : rédiger correctement le message pour mettre toutes les chances de son côté.

L'e-mailing est une technique marketing. Les mots employés, le ton utilisé, la rédaction des accroches : tout doit être pesé et soupesé. Les règles essentielles à connaître ne sont pas très nombreuses, mais elles assureront le meilleur des résultats.

Les géants de la vente par correspondance se sont déjà mis à l'e-mailing.

Contrairement au mailing papier, qui joue sur le nombre de documents, et leur complémentarité, l'e-mailing se résume à un simple message e-mail. Les pièces attachées ne sont pas les bienvenues : on peut les prendre pour des virus et elles alourdissent le message. Pas de droit à l'erreur dans ce message-là, donc. L'objectif sera, la plupart du temps, de convaincre le prospect de cliquer pour en savoir plus en se rendant sur votre site Internet.

L'e-mail marketing a pour mission de créer un lien privilégié entre son signataire et le destinataire. En toute logique le vouvoiement est de rigueur, lorsque le prospect est en scène dans le texte parallèlement, la première personne du singulier sera utilisée pour désigner le signataire, surtout dans le cadre d'e-mailing grand public. On utilisera le « nous de majesté » pour les textes plus « B to B ». Mais la relation de personne à personne, la relation directe, passe mieux si l'on utilise le « je » et le « vous ». À ceci près, on se conformera au style décrit dans les premiers chapitres de ce livre : phrases et paragraphes courts, style dynamique...

Le bon plan

Puisqu'il s'agit d'exciter la curiosité du lecteur et de retenir son attention, le mieux est de commencer par lui parler de lui : c'est fou ce que les gens s'intéressent avant tout à eux-mêmes... Pas question de se contenter de présenter un produit ou une offre sans d'abord montrer comment cela correspond à un besoin. Un bon e-mailing commence donc par une description de la problématique du lecteur : elle accrochera d'autant mieux son attention qu'elle touchera exactement à un besoin réel. En cela, mais ce n'est pas l'objet de ce livre, la constitution du fichier de prospects est de première importance.

La solution au problème n'est annoncée qu'ensuite, en montrant le produit, d'une façon ou d'une autre, ou en présentant le prospect satisfait : « Vous ne vivrez plus jamais comme avant ! »

Enfin, une dernière partie doit présenter clairement au lecteur ce qui lui reste à faire pour accéder au bonheur promis : « Cliquez ici pour vous rendre sur notre site Web », « Remplissez ce formulaire pour obtenir une documentation ».

Ces mots dont on doit se passer

On doit choyer son prospect, et le mettre dans un état psychologique tout à fait positif. Le lecteur doit être actif : le ton direct, injonctif, sera utilisé sans restriction : vive l'impératif et le présent de l'indicatif ! Le conditionnel est honni, et chaque fois que vous le pouvez, remplacez le futur par un présent. On n'écrira pas « Si vous venez sur notre site Internet, vous pourrez voir... » mais « Venez voir ... sur notre site Internet ! »

Toutes les expressions à connotation négative doivent disparaître. Et ces expressions sont on ne peut plus nombreuses en français ! Voyez : « Essai sans risque », « Pas cher », « Cliquez sans attendre »... Voilà qui est rédhibitoire. Et

SUITE

il y a pire : « N'attendez pas... », « N'attendez plus... » Pourquoi se morfondre dans le négatif alors qu'il suffit d'inverser la proposition pour la rendre active et positive ?

- Pas cher, c'est économique
- Pas fragile, c'est solide
- Cliquez sans attendre, c'est « Cliquez immédiatement », etc.

Et ces mots que l'on doit utiliser

Pas de négation et de l'action ! Des faits et de la crédibilité ! Voilà les valeurs que doivent défendre les mots que vous allez utiliser : rapidité, sécurité, performance, économique, nécessaire, profiter, testé, bénéficier, résistant, efficace, nouveau, beau, proposer, promotion, progrès, évolution, utile... Il faut éviter les jugements de valeur, les discours laudatifs (« On est les meilleurs... »). Les prospects ne sont généralement pas stupides au point de croire ce type de discours sur parole : il faut être plus subtil et décrire les caractéristiques positives de l'offre : fonctionnement, qualité, garantie, cadeaux...

L'objet

L'objet du message est la première chose qu'un destinataire voit lorsqu'il reçoit un e-mail. Dans le cas d'un envoi marketing, son rôle est d'interpeller le lecteur pour le pousser à lire le reste. Il ne doit donc pas être fini, ne pas clore le débat, mais pousser vers la suite : c'est une ouverture, pas un résumé de l'offre qui suit. Si le lecteur trouvait suffisamment d'informations dans l'objet, pourquoi lirait-il le message ?

Une solution simple est de poser une question, à laquelle le message répondra, ou de terminer l'objet par des points de suspension.

Des pistes originales

Difficile de concilier l'e-mailing avec les pratiques connues du mailing (multiplicité des documents, cartes à gratter, timbres à coller, jeux, etc.). Pourtant, cela est possible. C'est par exemple le cas du mailing du magazine *Lire*, qui promet des cadeaux. On clique sur l'image reçue, on s'inscrit à un jeu, et, pour gagner, il faut répondre à des questions qui renseignent l'éditeur du magazine sur leur profil, leurs habitudes, et donnent l'occasion de gagner des lots. Le jeu en ligne, couplé à l'e-mailing permet de retrouver le type de relation connue dans le mailing traditionnel, en en profitant en plus pour récolter des informations complémentaires sur les prospects !

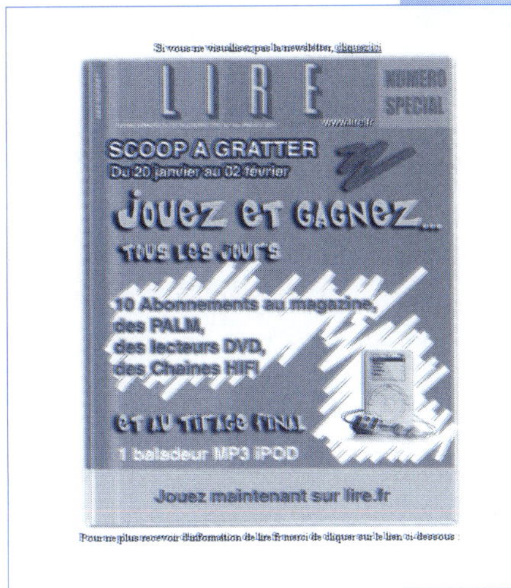

Gare au spam !

Attention au « spamming », c'est-à-dire à l'envoi d'e-mails non sollicités. Une pratique que les internautes n'apprécient vraiment pas. Assurez-vous donc toujours d'avoir l'autorisation de vos prospects avant de leur envoyer des messages !

Exercices

1 **Au regard de ce qui est dit dans ce chapitre, que penser des e-mailings suivants ? Rédigez votre opinion en quelques lignes.**

A.

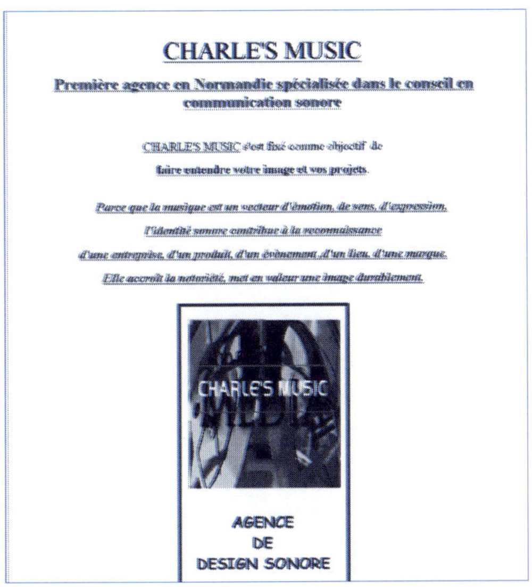

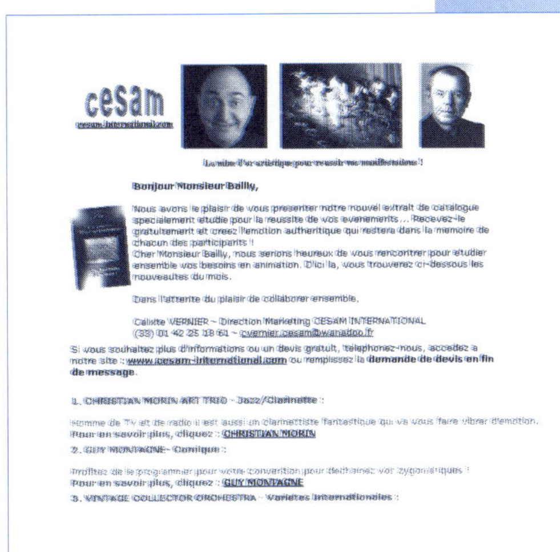

B.

SUITE

2 **Rédigez un mail marketing où le fondateur de la société La Boîte à écrire propose ses services de rédaction aux services de communication d'entreprises et d'institutions. Vous disposez des informations suivantes ; pour le reste, laissez libre cours à votre imagination :**

Agence de communication spécialisée dans la fourniture de contenu rédactionnel et le rewriting, LA BOÎTE À ÉCRIRE intervient sur tous types de textes pour tous supports.

Création, définition de politique rédactionnelle, mise en forme.

Plaquettes, journaux internes ou externes, articles, correspondance, mailings, publi-rédactionnels, panneaux, e-mails, sites internet, discours, rapports...

Contact : www.la-boite-a-ecrire.com

Corrigés

Exercice 1 A

Plutôt que mettre le prospect en avant, ce mailing met l'émetteur en vedette. Il ne commence pas par poser les problèmes du destinataire mais la solution proposée. Mieux aurait valu commencer en posant une architecture du type : « Du mal à vous faire entendre ? Charle's Music est là pour vous. » Ensuite, détailler les situations où l'on peut avoir besoin des services proposés.

Au niveau de la forme, notez que le texte intégralement centré, et souligné, n'est pas du meilleur effet.

Exercice 1 B

Notez que la lettre est personnalisée, c'est un bon point. Le destinataire reçoit un courrier à son nom, il est plus réceptif. Cette fois encore, le produit est mis en avant, tout de même, plutôt que le destinataire. L'accroche aurait pu être inversée : « La mine d'or artistique pour réussir vos manifestations » devant « Mettez de l'art dans vos manifestations », par exemple. L'accroche plus travaillée aurait pu être : « Invitez Guy Montagné dans vos soirées ! ».

De la même façon, la première phrase de la lettre commence par « Nous » au lieu de « Vous ». C'est dommage. On aurait pu jouer sur le thème : « Vous voulez vraiment que vos invités se souviennent des événements que vous organisez ? Sélectionnez vos animations dans notre nouveau catalogue ! »

Exercice 2

Voici sur le mode de la lettre :

> Cher Monsieur Untel,
>
> Parce qu'écrire fait partie de vos obligations quotidiennes et que vous ne pouvez vous permettre que le meilleur en la matière, *La Boîte à écrire* a été imaginée pour vous.
>
> Qu'il s'agisse d'articles, de lettres, de publications internes ou externes, du support papier ou d'Internet, *La Boîte à écrire* est à même de vous offrir un service sur mesure, prenant en compte vos impératifs, vos lecteurs, et vos attentes.
>
> La Boîte à écrire a prouvé son efficacité auprès des plus grands comptes : la FNAC, Apple, Unibail, la Préfecture de Haute-Normandie...
>
> Alors, vous aussi, pour bénéficier d'écrits de qualité, avec l'assurance qu'ils seront lus et que votre message passera, contactez-nous : *www.la-boite-a-ecrire.com*

On peut imaginer ajouter une accroche, et puisqu'il s'agit d'écriture, pourquoi pas une citation ?

« Tout le talent d'écrire ne consiste après tout que dans le choix des mots. », Gustave Flaubert

12. Le communiqué de presse

L'OBJECTIF

Rédiger des communiqués de presse efficaces en ligne

Le communiqué de presse envoyé par Internet ? C'est une bonne idée, c'est peu coûteux, et, à condition d'avoir les adresses e-mails des journalistes, ça peut être terriblement efficace. Seulement voilà, de plus en plus de gens le savent !

La plupart des journalistes reçoivent aujourd'hui plusieurs dizaines de communiqués de presse par jour, et de plus en plus par e-mail. Pas évident de se faire remarquer quand on est noyé dans la masse ! D'autant qu'un ou deux seulement bénéficieront d'un traitement et donneront lieu à un article...

Comment faire partie de ceux qui sont retenus ? La question mérite bien d'être posée puisque tel est l'objectif du communiqué. Les règles de rédaction du communiqué de presse valent plus encore en ligne que sur papier.

Le communiqué de presse sera diffusé selon deux méthodes distinctes : il sera mis en ligne sur le site concerné (ou un site spécialisé dans la diffusion de communiqués de presse) et/ou il sera envoyé par e-mail. Dans ce dernier cas il peut prendre la forme d'un message ou d'une pièce attachée à un message.

L'habitude prise par un grand nombre d'attachés de presse consiste à envoyer par e-mail le même texte, voire le même document que par papier.

Pour ce qui est du style et du plan, relisez la première partie de ce livre, consacrée aux principes généraux de l'écriture en ligne. Le communiqué de presse impose un certain nombre de choses. Pensez qu'il doit pouvoir être imprimé, et gardé comme tel par le journaliste, indépendamment de son contexte en ligne. C'est ce qui explique que, dans de nombreux cas, les attachés de presse professionnels envoient le même texte par e-mail que sur papier.

Mais l'e-mail ou le communiqué en ligne permettent tout de même des choses interdites au papier :

- Vos coordonnées physiques doivent y figurer (adresse, téléphone, fax) mais aussi votre e-mail, et, en cliquant dessus, on doit, par la magie de l'hypertexte, pouvoir vous envoyer directement un message.
- Si vous disposez d'un mini-site en ligne qui présente votre produit ou votre événement, on doit pouvoir y accéder d'un clic. En termes de présentation, pensez bien que la première lecture de votre texte se fera à l'écran et que le temps du journaliste est compté : concision et précision sont les maîtres mots de l'exercice.
- Souvenez-vous que le journaliste ne vous connaît peut-être pas : même si le communiqué est en ligne sur le site de votre entreprise, il doit reprendre une brève présentation de vos activités. Indépendamment du contexte, on doit toujours savoir qui est à l'origine du communiqué.
- Vous pouvez joindre des fichiers à vos messages. En fait, le mieux est de ne pas le faire ! Trop volumineux, ils peuvent incommoder. Et même légers, ils peuvent inquiéter : ne serait-ce là un virus que je ne saurai voir ?

Et il convient de se souvenir de quelques préceptes de base :

- Évitez les détails trop complexes mais n'imaginez pas pour autant que le journaliste vous contactera forcément s'il a besoin d'informations complémentaires : prenez particulièrement garde aux interprétations erronées qu'on pourrait faire de votre texte.

Témoignage

Emmanuel Carré, Attaché de presse de l'éditeur de jeux vidéo Ubi Soft

Nous envoyons nos communiqués de presse par e-mail aux journalistes qui le souhaitent depuis l'an 2000. Nous nous appliquons à envoyer les communiqués plutôt sous forme de texte brut sans images ni fioritures, même si ce texte est exactement le même que celui des communiqués de presse papier. Le mail doit être le plus simple et le moins « lourd » possible, ce qui nous assure qu'il arrive à destination. Et les journalistes ne souhaitent pas (et nous le comprenons) que l'on « pollue » leurs boîtes de réception avec des mails lourds ou chargés d'images. D'ailleurs certaines administrations réseau ne laissent pas passer ce style de mails en raison de leur poids et d'éventuels virus.

SUITE

Un exemple ? L'accroche suivante :

« Plus d'articles nouveaux sur mon site Internet ! »

En fonction de son état d'esprit, le journaliste comprendra qu'il n'y a plus d'articles nouveaux, ou qu'il y en a encore plus !

- Ne téléphonez jamais à un journaliste un quart d'heure après l'envoi du message pour lui demander s'il l'a bien reçu. L'e-mail permet à chacun de vivre et de travailler à son rythme : c'est l'avantage du support !

Fort de ces quelques recommandations, vous parviendrez vraisemblablement à diffuser des communiqués de presse efficaces.

Exercice

Voici trois communiqués de presse réellement envoyés par e-mail, remplissez le tableau qui les suit pour en dégager avantages et inconvénients.

LA RAYMAN ZONE EST OUVERTE
Rayman ouvre son grand portail communautaire

Paris le 21 janvier 2003. Ubi Soft inaugure pour la première fois la Rayman Zone, un grand portail communautaire dans l'univers foisonnant de Rayman. Ce projet, très ambitieux, s'adresse à tous ceux qui veulent des informations sur les projets en cours, l'historique, les univers, les soluces des différentes versions… et un accès direct au site Rayman 3. Pour les nostalgiques il sera possible de visiter les univers des précédents épisodes.

Les fans de Rayman y trouveront leur compte avec des infos exclusives, des forums, des " goodies " inédits… Le grand public y trouvera des infos produit, des conseils sur les jeux ; les joueurs des infos techniques et artistiques et des infos sur le développement (Making Of). Quant aux " Kids ", ils y retrouveront Rayman, les autres personnages son univers et aussi des copains sur les forums.

La Rayman Zone, c'est aussi " La Quête des Lums ", un système qui récompense les membres de la communauté selon leur participation. Le principe est très simple : en participant, on accumule des Lums qui peuvent, par la suite, être utilisés pour obtenir du contenu exclusif. Collecter des Lums sert aussi à accroître son rang et à changer d'avatar, avec la possibilité d'incarner un gentil ou méchant. A l'internaute de choisir son camp !

Inscrivez-vous vite sur la Rayman zone !

www.raymanzone.com
www.rayman3.com

A propos d'Ubi Soft® Entertainment :
Ubi Soft Entertainment est un producteur et un éditeur mondial de jeux interactifs. Leader dans son domaine, le groupe propose une gamme de produits diversifiée qui ne cesse de s'enrichir. Ubi Soft développe ses propres produits et s'associe également à des développeurs de renom. L'ambition du groupe est de fournir au public des jeux d'excellente qualité afin de favoriser le partage d'émotions fortes. Créé en 1986, Ubi Soft est présent dans 21 pays dont les Etats-Unis, le Canada, l'Allemagne, la France et la Chine. Le groupe diffuse ses produits et les produits d'éditeurs tiers dans plus de 50 pays. Pour l'exercice 2001-2002, son chiffre d'affaires atteint 369 millions d'euros, en hausse de 42% par rapport à l'exercice précédent. Plus d'informations : www.ubi.com

CONTACT PRESSE

Communiqué de presse 1.

roxio
THE DIGITAL MEDIA COMPANY

Info presse

Pour toute information complémentaire :

ROXIO FETE LES 10 ANS DE TOAST ET PRESENTE PHOTOSUITE POUR MAC A MACWORLD SAN FRANCISCO

Roxio sera présent à MacWorld Expo du 7 au 10 janvier 2003
Moscone Center - San Francisco - stand 166

Boulogne - le 2 janvier 2003 - Roxio, The Digital Media Company®, concepteur et éditeur des logiciels de gestion de contenus numériques les plus vendus au monde, dont Easy CD Creator®, Toast®, PhotoSuite®, VideoWave® et GoBack®, sera à MacWorld San Francisco avec Toast et PhotoSuite.

Un Toast pour Toast : Toast, le logiciel pour Macintosh de Roxio le plus apprécié, leader sur le marché, fête ses 10 ans. Avec sa dernière version 5.2, spécialement conçue pour OS X, Toast est plus puissant que jamais. Le logiciel supporte plus de graveurs, plus de formats, a plus de fonctionnalités, est plus rapide et plus simple. Toast sera en démonstration sur le stand de Roxio et de nombreux cadeaux offerts par Roxio et ses partenaires seront à gagner.

PhotoSuite pour Mac : PhotoSuite, un des logiciels de retouche photo favoris depuis son lancement en 1996, sera bientôt disponible pour Macintosh. Ce logiciel incontournable pour les possesseurs de cameras numériques, offre des fonctionnalités qui vont bien au-delà de celles proposées avec iPhoto. PhotoSuite comprend des outils de retouche photo automatiques, ainsi que des outils de création. PhotoSuite inclut également un lien vers Toast pour la gravure.

A propos de Roxio :

Roxio (Nasdaq : ROXI) conçoit et édite les logiciels de gestion de contenus numériques les plus vendus au monde. Les produits Roxio pour la gravure de CD et de DVD ainsi que pour l'édition photo et vidéo ont souvent été primés. Les familles de produits Roxio incluent des produits leaders dans chaque catégorie : **Easy CD Creator** pour Windows et **Toast** pour la plate-forme Macintosh pour la gravure de CD et de DVD, **PhotoSuite** pour l'édition de photos et **VideoWave** pour l'édition vidéo. Roxio édite également **GoBack**, produit leader en matière de récupération de système, qui permet aux utilisateurs de PC de régler rapidement les problèmes résultant de plantages, de virus et d'erreurs d'utilisation.

Roxio a aujourd'hui une base installée de plus de 100 millions d'utilisateurs ; ses produits sont vendus dans le monde entier, par le biais de partenariats stratégiques avec les principaux constructeurs de PC et de graveurs, ainsi que d'un réseau mondial de distribution et de vente au détail. Ses produits sont également disponibles sur son site Internet.

Basée à Santa Clara en Californie, la société possède des filiales dans le Minnesota, au Canada, au Royaume-Uni, aux Pays-Bas, en Allemagne et au Japon. L'entreprise compte plus de 400 collaborateurs dans le monde entier. Roxio est inscrit aux index S&P Small Cap 600 et Russell 2000.

Roxio sur le web : www.roxio.com

Copyright © 2002 Roxio, Inc. All rights reserved. Roxio, the Roxio logotype, and the Roxio tagline are trademarks of Roxio, Inc., which may be registered in some jurisdictions. Easy CD Creator, GoBack, and Toast are registered trademarks of Roxio, Inc. in the United States and may be registered in other jurisdictions. PhotoSuite and VideoWave are registered trademarks of MGI Software Corp., a subsidiary of Roxio, Inc., in the United States and may be registered in other jurisdictions. All other trademarks used are owned by their respective owners.

Communiqué de presse 2.

FOCUS

Communiqué de Presse

Focus lance Histoires d'écrire : le premier logiciel de création littéraire pour le grand public !

Après avoir lancé le marché de la création musicale sur PC en France avec les logiciels eJay et innové en proposant des logiciels de création de jeux vidéo (3D Games Creator et 3D Gamemaker), Focus Home Interactive élargit son offre "créativité" en proposant le premier logiciel de création littéraire : **Histoires d'écrire**.

Histoires d'écrire est un logiciel aux fonctionnalités complètes et à l'interface conviviale et intuitive. C'est une véritable méthode qui permet à l'écrivain amateur (15% des français) de structurer sa pensée et son écrit. Il bénéficie de la technicité du moteur de Scénario Pro (logiciel acclamé par les scénaristes professionnels du cinéma) et permet de concrétiser ses projets d'écriture. Du traitement de l'idée originale jusqu'à la publication du récit au format d'édition professionnel, rien n'est laissé au hasard !

Les acteurs majeurs de la scène littéraire plébiscitent déjà le logiciel et notamment **Frédéric FERNEY** (journaliste et animateur de : "Droits d'Auteurs" et "Le Club Saint Pierre" sur France 5) qui participe activement au titre en intervenant dans des modules vidéos intégrés au logiciel.

Alors un prix littéraire, ça vous tente ?

La sortie sur CD-ROM PC du logiciel Histoires d'Ecrire est prévue pour le 18 novembre 2002 et son prix public recommandé est de 49,99 €.

Contact Presse

Focus Home Interactive

Communiqué de presse 3.

AVANTAGES	INCONVÉNIENTS
Communiqué de presse 1	
Communiqué de presse 2	
Communiqué de presse 3	

SUITE

Corrigé

	AVANTAGES	INCONVÉNIENTS
Communiqué de presse 1	Format texte : lisible sur toutes les machines On sait l'essentiel dès la première phrase. La rédaction est claire et efficace. Deux liens hypertexte permettent d'aller plus loin une fois le communiqué lu. Un paragraphe, en annexe fait le point sur la société émettrice du communiqué.	Format texte : pas de mise en page, même pas d'enrichissement textuel (gras, italique, etc.) Pas d'illustration : rien qui accroche l'œil. Cela n'est pas réellement contrebalancé par l'accroche textuelle. Le document n'indique nulle part qu'il s'agit d'une information à destination de la presse.
Communiqué de presse 2	On sait dès les premières lignes qu'il s'agit d'un communiqué de presse. Le logo de la société : facile à identifier. L'email est à la fois léger et bénéficie de possibilités de présentation correcte.	Pourquoi mettre les contacts au début ? Ils auraient aussi bien leur place à la fin. Les possibilités de mise en page ne sont pas très bien utilisées. Trop de formats de texte différents. Les phrases sont trop longues, l'information n'est pas bien hiérarchisée (dès le titre il y a 3 infos : l'anniversaire, un nouveau logiciel, et la présence à San Francisco, c'est perdu d'avance !)
Communiqué de presse 3	La mise en page est soignée, attractive. La longueur : on sait qu'on ira rapidement à l'essentiel. L'image du produit, le logo de la société : des images, mais pas trop.	Au lieu de démarrer sur l'essentiel : l'info nouvelle, le communiqué commence sur l'accessoire : l'historique de la société. Pourquoi la mention « Communiqué de presse » est-elle plus importante (taille, couleur) que le titre (l'information) ?

LA TYPOGRAPHIE

La typographie est l'art de choisir et de placer les caractères d'imprimerie. Ce qui était autrefois réservé aux typographes, professionnels en ce domaine, est désormais à la portée de tout possesseur de micro-ordinateur.

Du coup, les recettes ancestrales sont quelque peu oubliées. Il est possible de faire tant de choses que les principes de lisibilité et de simplicité sont largement bafoués. Le nombre des polices présentes sur un ordinateur ne simplifie pas les choix, et n'incite pas forcément à se montrer économe de ses effets.

Le bon typographe doit se mettre au service du message qu'il a à faire passer. Il convient d'abord de respecter les règles typographiques courantes, auxquelles le lecteur est, parfois inconsciemment, habitué (voir page suivante).

Sachez enfin que la culture typographique ne s'apprend pas dans les livres. Le mieux est de commencer par observer attentivement : quels caractères sont choisis dans quels livres ? Pourquoi ? Ensuite, le mieux est de faire des essais, des exercices de style, en quelque sorte. « Si je combine telle police avec telle autre, qu'est-ce que cela donne ? Est-ce que cette jolie police est aussi belle en italique, ou en gras ? Etc., etc. »

Les polices de caractères sont regroupées en familles. Sont réunis dans une famille tous les caractères dont la forme a été conçue par un même créateur graphique, ou sous sa direction. Au XXe siècle différentes classifications de ces familles ont été utilisées avec des critères purement formels, ou historiques voire en fonction de l'effet produit sur le lecteur.

13. La bannière publicitaire

L'OBJECTIF

Comprendre les mécanismes créatifs qui permettent d'imaginer une bannière publicitaire efficace

Réaliser une bannière publicitaire est un exercice particulier, qui demande un minimum de compétences techniques, mais sa conception requiert surtout de la créativité. Sans forcément beaucoup de moyens, on peut imaginer des bannières efficaces qui pousseront l'internaute à cliquer, et à venir sur votre site.

Un chapitre sur les bannières publicitaires dans un livre consacré à l'écriture ? Oui. Il s'agit bien d'écriture, parce que, vous pouvez vérifier, dans la majorité des bannières, le texte joue un rôle central. Ce texte est « scénarisé », soit parce qu'il apparaît en deux, trois ou quatre temps, soit parce qu'il interagit avec une image, soit parce qu'il est doté de mouvement. Mais c'est bien l'addition d'un texte efficace et d'un scénario original qui fera de la bannière un outil opérant.

Il faut avoir en tête que c'est la force du message qui convaincra l'internaute de l'intérêt de cliquer. Les techniques rédactionnelles utilisées ne seront donc pas propres à Internet, elles sont semblables à celles utilisées dans tous les médias.

Les techniques de base

À regarder ce qui se fait, on s'aperçoit que de nombreux messages mettent l'accent sur la gratuité ou l'espérance d'un gain (concours). Dans ce cas-là, c'est autant l'intérêt de l'offre que la qualité rédactionnelle qui amène l'internaute à cliquer. Peu de recours à l'imagination : un gros « GRATUIT » qui clignote, ou un simple « Cliquez ici pour devenir millionnaire » font généralement l'affaire. Des mots comme « Soldes, réductions, cadeaux » suffisent.

Toujours aussi basique, l'interpellation : il est évident que le bandeau est cliquable, mais dire à l'internaute : « Allez-y cliquez, n'hésitez pas » est une technique de base qui fonctionne très bien. Évidemment, cela ne demande pas beaucoup d'imagination, encore que, comme le montre l'exemple en illustration, on peut y ajouter un aspect ludique qui rend la méthode plus agréable !

Et en plus évolué ?

Il existe d'autres moyens d'attirer l'attention de l'internaute. Certains, comme le bandeau de publicité qui traverse la page avant de se figer à sa place, le choix d'un emplacement imprévu, demandent des négociations commerciales particulières avec le support. En se limitant au bandeau « standard », on peut néanmoins jouer sur l'animation. En effet, les bandeaux sont au format Gif animé.

Cependant, les bandeaux animés sont maintenant légions sur le Web, et il faut aller plus loin et trouver ce qui attirera l'œil à coup sûr. C'est une affaire de créativité. Voici quelques exemples qui prouvent qu'en deux, trois ou quatre images on peut réaliser des choses étonnantes, intéressantes et, tout simplement, efficaces !

SUITE

En deux temps, ce bandeau commence par intriguer, puis donne une solution : le clic n'est pas sûr, mais le message passe vraisemblablement.

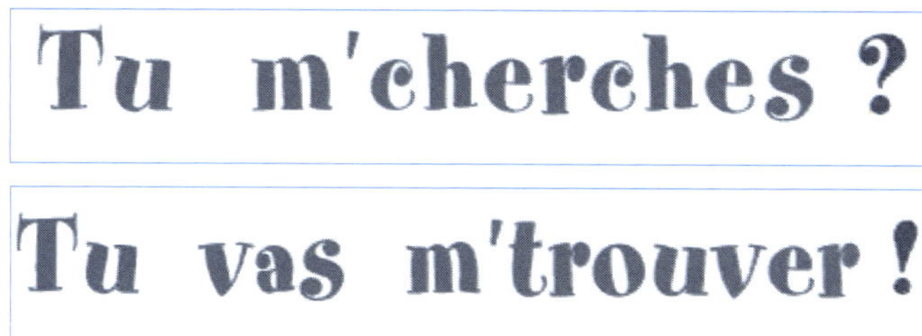

Ici, on ne connaît pas le nom de l'annonceur, qui joue sur la curiosité de l'internaute. À moins qu'il s'agisse d'un teasing, et qu'un message explicatif apparaisse la prochaine fois que l'on se connectera à la page : ces messages en deux temps sont très efficaces.

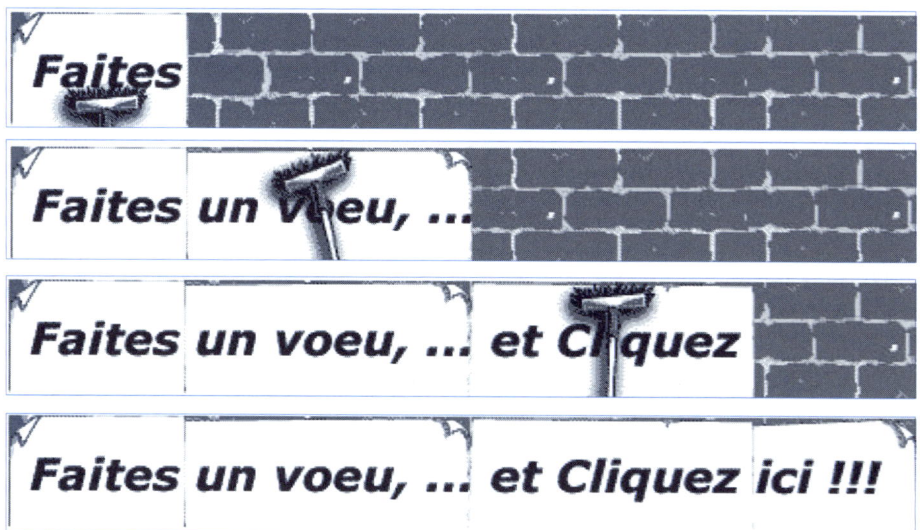

En quatre temps, une animation qui intrigue, on se demande ce qui va se passer ensuite, un aspect ludique, et une interpellation simple et efficace : l'association d'une méthode éprouvée et d'un bon zeste de créativité.

Exercices

1 **Imaginez le texte d'un bandeau de publicité qui proposerait un service d'hébergement qui n'imposerait pas de publicité à vos pages personnelles.**

2 **Quels commentaires vous inspire ce bandeau de publicité en deux temps ?**

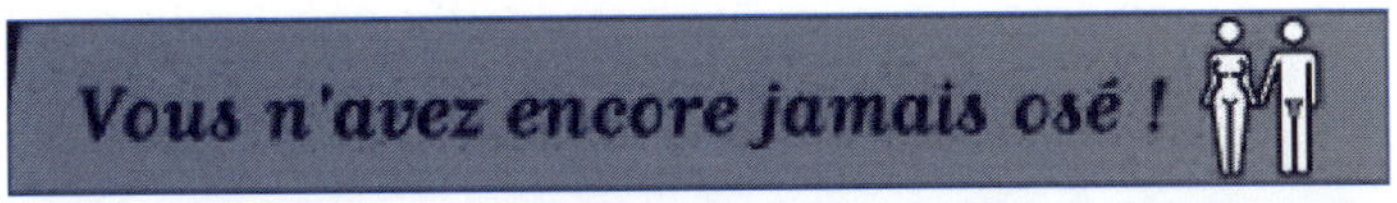

Corrigés

Exercice 1

Cette publicité existe ! Elle est constituée d'un gif animé qui présente à la suite les trois aspects suivants :

SUITE

Exercice 2

La première image, avec le slogan « Vous n'avez encore jamais osé ! », le fond rose, l'image de couple, fait penser à un site de rencontres, de petites annonces, comme il y en a tant sur Internet. On sait que ces sites fonctionnent, on peut donc s'attendre à ce que l'internaute ait son regard attiré par cette publicité. Mais l'animation se produit, et l'on apprend qu'il s'agit de passer sa première commande sur un site marchand. L'effet de surprise se produit : le message est mémorisé. Même si l'internaute ne clique pas immédiatement sur le lien, il y a toutes les chances qu'il se rende un jour ou l'autre sur le site marchand en question.

FIN

L'Atelier

Bien écrire pour le Web

Mise en écran et typographie

3

14. Le texte dans l'écran

L'OBJECTIF

Rendre le texte lisible à l'écran

La place et la façon dont le texte sera traité à l'écran sont loin d'être des questions anodines lorsqu'on écrit en ligne. Bien sûr, c'est un domaine que l'on ne maîtrise pas toujours, notamment lorsqu'on publie des textes sur un site dont on n'est pas le webmaster. Mais sur son propre site, on peut faire les choses aussi bien que possible. Et il en va de même lorsqu'on rédige ses e-mails. Il serait dommage de s'en priver même si, en la matière, les avis divergent souvent...
Doit-on faire ainsi, ou autrement ?

Le fait est qu'il n'y a pas de vérité absolue indépendante des lecteurs. Jugez-en par vous-même. Le mot « kilogrammètre » va vous demander plus d'effort de lecture que le mot « kilométrage », tout simplement parce que vous connaissez l'un, et pas l'autre (vraisemblablement...). De la même façon, on sait que les Français éprouvent plus de facilités de lecture avec les caractères à empattement, utilisés depuis des siècles dans le pays, et trouvent les caractères gothiques totalement indéchiffrables, alors qu'ils ont longtemps été utilisés en Allemagne. On préfèrera en tout cas utiliser le Garamond ou le Times à l'Helvetica ou l'Arial (caractères « bâton ») lorsqu'on s'adressera à des Français.

Les règles de mise en page et de typographie que l'on préconise s'appuient donc avant tout sur ces données : le tout est de savoir si ce que l'on fait est plus ou moins lisible pour un lecteur donné. Et notre lecteur, aujourd'hui, sera plutôt français qu'anglo-saxon, puisque cet ouvrage est consacré à l'écriture en langue française. Le mieux est de présenter à ce lecteur un document conforme à ses habitudes de lecture : moins il sera concentré sur la forme du message, plus il y a de chances qu'il s'intéresse au fond, et le retienne. Évidemment, il ne s'agit pas de règles figées, mais de règles d'usage : ainsi l'Arial, à l'aspect plus moderne que le Times, a le vent en poupe... La vérité d'aujourd'hui ne vaut sans doute pas pour demain !

Ne pas respecter les règles peut être un parti pris. Il sera soit esthétique (et il n'est pas de notre ressort, ici, de juger de la beauté, mais de l'efficacité : si l'esthétique peut jouer sur l'effet de surprise ou de plaisir, cela ne doit selon nous jamais se faire au détriment de la lisibilité), soit pratique, dans la mesure où l'on souhaitera, effectivement, attirer l'attention sur un élément du texte.

Une fois d'accord sur le fait que l'on doit mettre le lecteur au centre du système, il faut encore avoir conscience que l'on ne peut pas faire autrement que composer avec les contraintes techniques liées au matériel. Impossible, donc, de faire tout ce qu'on voudrait. Ainsi, les caractères qui apparaissent à l'écran sont, forcément, moins beaux que ceux que l'on imprime dans les livres : la taille des pixels ne permet pas une finesse aussi agréable que la trame des flasheuses...

Du bon goût de la couleur

Puisque le texte n'existe pas sans support, il faut réfléchir au fond sur lequel il s'inscrit. Il va de soi que plus le contraste entre la couleur des lettres et celle du fond est important, plus la lecture est facilitée. On préférera donc le noir sur fond blanc. Une combinaison qui a fait ses preuves, et l'on sait qu'en la matière l'habitude est la meilleure des conseillères ! Reste qu'utiliser une autre couleur, toujours fortement contrastée par rapport au fond, pour les titres, les intertitres, les légendes, etc. peut apporter un peu de gaieté si vous en éprouvez un vrai besoin...

Mais on peut aussi tenter le texte blanc sur fond noir (sur des séquences plus courtes)... En se méfiant d'autres associations qui peuvent fatiguer l'œil, notamment si le moniteur du lecteur scintille un peu. Le contraste entre le jaune et le noir peut ainsi être séduisant, mais dangereux, notamment si le corps du texte est faible.

SUITE

Et que dire de ces pages, dont la mode heureusement semble se tasser, où un fond bariolé empêche la lecture d'une lettre sur trois, soit qu'elles soient trop foncées par endroit, soit pleines de courbures tarabiscotées qui compliquent la lecture ? Sans compter que la présence d'un fond pose problème à tous ceux qui veulent imprimer des pages Internet, et ils sont nombreux. Les lettres sont en blanc sur fond noir ? Vous imaginez le résultat à l'impression ? Et la quantité d'encre consommée ?

Texte blanc sur fond en couleur ? Forcément fatigant pour les yeux...

La pêche à la ligne

Que dire également de ces pages dont les lignes de textes sont si longues qu'il faut faire défiler la page à l'aide de l'ascenseur horizontal pour pouvoir les lire ? Elles ne sont heureusement pas si courantes, mais il arrive encore de recevoir un e-mail de ce genre de temps à autre. C'est d'autant plus dommage que l'on peut facilement imposer la largeur du texte qui s'inscrit à l'écran, notamment en utilisant les tableaux HTML. Une pratique bienvenue, et très efficace, puisque l'on connaît, scientifiquement, le nombre idéal de caractères qui facilite la lecture. Pour qu'un texte reste lisible, il faut que le nombre de caractères par ligne ne soit ni trop faible ni trop important ; l'idéal tourne autour de 60 caractères par ligne. Dans ces conditions, le lecteur ne se perd pas en passant d'une ligne à l'autre. Ajoutez à cette contrainte les habitudes de lecture, qui dépendent, elles, du support lu : environ 25 caractères par ligne pour un journal, une quarantaine pour un magazine, et plus de 60 pour un livre. On peut en conclure que, selon le type de texte que l'on met en ligne, on aura intérêt à se conformer à ces habitudes-là : inconsciemment, le lecteur a toutes les chances de savoir à quel type de contenu il a affaire, tout simplement parce que, pour lui, « c'est toujours comme ça ». Ce qui nous donnerait :

- 25 caractères par ligne pour l'actu « chaude » ;
- 40 caractères par ligne pour les dossiers d'actualité, les dossiers thématiques ;
- 60 caractères par ligne pour les textes de fond.

Évidemment, ce ne sont là que des indications. Mais elles confirment que l'on a tout intérêt à fixer soi-même la largeur de ses colonnes de texte, sans quoi l'internaute peut se retrouver avec une mise en page bien différente de celle que vous aurez prévue au départ. D'autant qu'on trouve aujourd'hui des écrans très grands, et notamment très larges. Sur 800 pixels de large (une définition minime, que l'on ne trouve plus guère que sur les portables, et encore), on peut faire tenir largement plus de 100 caractères... Sachant que ce nombre peut varier en fonction de la police de caractères affichée chez le lecteur. Il n'est pas forcément utile de laisser s'afficher autant de caractères par ligne !

Pour autant, la gestion des lignes les plus courtes n'est pas sans poser de problème. Car la question des césures (la coupure des mots en fin de ligne) n'est pas gérée automatiquement par les navigateurs Internet. Du coup, et notamment lorsque les lignes sont courtes, ou même

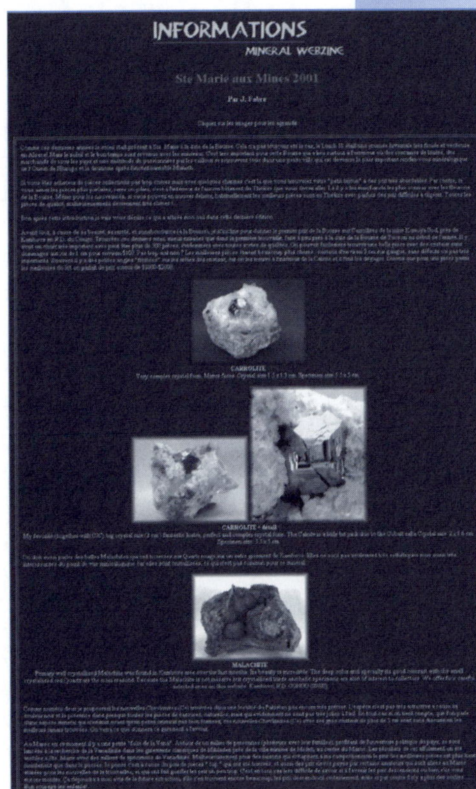

Voici un bon exemple de ce qu'il ne faut pas faire : lignes longues et lettres jaunes sur fond foncé...

SUITE

L'AVIS DE PHILIPPE BARET, RÉDACTEUR EN CHEF DES SITES VIE-PUBLIQUE.FR ET SERVICE-PUBLIC.FR

« Ayant été formé dans la presse papier, j'ai tendance à reproduire les techniques classiques de mise en page, c'est une erreur. »

moyennes (jusqu'à 40 caractères environ), il faut penser qu'on ne peut pas utiliser la justification du texte (impossible de l'aligner à la fois à droite et à gauche). En effet, on risquerait de se retrouver avec un texte qui comprendrait certains blancs plus larges que les mêmes mots de la ligne, ou avec des « rigoles » de blancs, qui zèbrent le texte. Ces deux effets sont inesthétiques, certes, mais, pire, ils rendent la lecture pénible. Il faudra donc choisir votre façon d'aligner le texte en fonction de la largeur des colonnes. Pour les largeurs inférieures à 400 pixels, en taille normale, on préférera donc un alignement à gauche ou à droite.

Et pour les textes longs ?

On a vu, au début de ce livre, que plus on écrivait des textes courts, mieux on était lu. Mais, parfois, on n'a pas le choix. Certains sujets nécessitent de longs développements, certaines démonstrations ne se font pas en deux coups de cuillère à pot. Et si l'on ne se moque pas de son lecteur, on lui doit parfois des explications qui prennent plus de temps qu'un simple discours marketing ! D'autant qu'un des paradoxes du Web tient dans une contradiction qu'il faut bien arriver à dépasser : si la lecture à l'écran est une contrainte, il n'a jamais été si peu coûteux de diffuser en masse des textes longs ! Pourquoi se priver, alors ?

Mais, même si la présence de boutons de défilement sur les souris facilite beaucoup la lecture des textes répartis sur plusieurs écrans, il suffit de lever les yeux, laisser glisser son doigt, appuyer sur une touche de défilement, bouger brusquement la souris... pour ne plus savoir où l'on est dans la page, ni où l'on en est dans sa lecture ! Sans même naviguer sur le Web, tout utilisateur d'un traitement de texte connaît ce problème dès qu'il travaille sur un document long. L'absence de repères fait que l'on se perd rapidement dans les pages de son propre texte... Alors, dans celui d'un autre !

Sur Internet, on dispose d'outils graphiques pour aider les lecteur à se repérer. On peut ajouter des boutons, des outils de navigation. Mais ces artifices ne suffisent généralement pas pour les textes longs. Pour autant, il ne faut pas céder à toutes les possibilités : si le graphisme clignote, s'anime, attire l'œil coûte que coûte, il fait de la concurrence au texte. On perd en lisibilité ce qu'on gagne, peut-être, en repères graphiques.

Néanmoins, il faut introduire régulièrement des repères forts dans le texte. Ainsi, lors du défilement rapide de la page, on retrouve facilement sa place : « j'en étais trois lignes au dessus de cette image », « Je lisais le deuxième paragraphe après cet intertitre... »

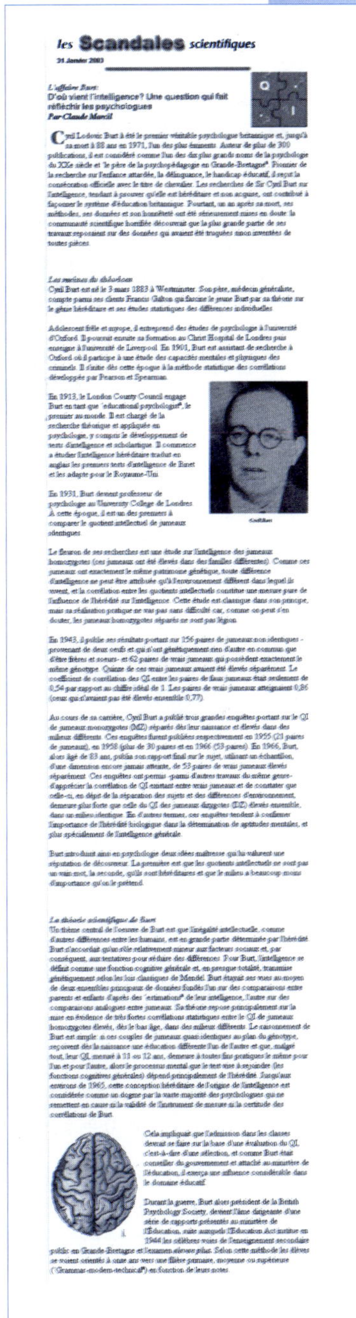

les **Scandales** scientifiques

31 Janvier 2003

L'affaire Burt:

D'où vient l'intelligence? Une question qui fait réfléchir les psychologues

Par Claude Marcil

Cyril Lodovic Burt à été le premier véritable psychologue britannique et, jusqu'à sa mort à 88 ans en 1971, l'un des plus éminents. Auteur de plus de 300 publications, il est considéré comme l'un des dix plus grands noms de la psychologie du XXe siècle et "le père de la psychopédagogie en Grande-Bretagne". Pionnier de la recherche sur l'enfance attardée, la délinquance, le handicap éducatif, il reçut la consécration officielle avec le titre de chevalier. Les recherches de Sir Cyril Burt sur l'intelligence, tendant à prouver qu'elle est héréditaire et non acquise, ont contribué à façonner le système d'éducation britannique. Pourtant, un an après sa mort, ses méthodes, ses données et son honnêteté ont été sérieusement mises en doute: la communauté scientifique horrifiée découvrait que la plus grande partie de ses travaux reposaient sur des données qui avaient été truquées sinon inventées de toutes pièces.

Les racines du théoricien

Cyril Burt est né le 3 mars 1883 à Westminster. Son père, médecin généraliste, compte parmi ses clients Francis Galton qui fascine le jeune Burt par sa théorie sur le génie héréditaire et ses études statistiques des différences individuelles.

Adolescent frêle et myope, il entreprend des études de psychologie à l'université d'Oxford. Il poursuit ensuite sa formation au Christ Hospital de Londres puis enseigne à l'université de Liverpool. En 1901, Burt est assistant de recherche à Oxford où il participe à une étude des capacités mentales et physiques des criminels. Il s'initie dès cette époque à la méthode statistique des corrélations développée par Pearson et Spearman.

En 1913, le London County Council engage Burt en tant que "educational psychologist", le premier au monde. Il est chargé de la recherche théorique et appliquée en psychologie, y compris le développement de tests d'intelligence et scholastique. Il commence a étudier l'intelligence héréditaire traduit en anglais les premiers tests d'intelligence de Binet et les adapte pour le Royaume-Uni.

Cyril Burt

En 1931, Burt devient professeur de psychologie au University College de Londres. À cette époque, il est un des premiers à comparer le quotient intellectuel de jumeaux identiques.

Le fleuron de ses recherches est une étude sur l'intelligence des jumeaux homozygotes (ces jumeaux ont été élevés dans des familles différentes). Comme ces jumeaux ont exactement le même patrimoine génétique, toute différence d'intelligence ne peut être attribuée qu'à l'environnement différent dans lequel ils vivent, et la corrélation entre les quotients intellectuels constitue une mesure pure de l'influence de l'hérédité sur l'intelligence. Cette étude est classique dans son principe, mais sa réalisation pratique ne vas pas sans difficulté car, comme on peut s'en douter, les jumeaux homozygotes séparés ne sont pas légion.

En 1943, il publie ses résultats portant sur 156 paires de jumeaux non identiques - provenant de deux oeufs et qui n'ont génétiquement rien d'autre en commun que d'être frères et soeurs- et 62 paires de vrais jumeaux qui possèdent exactement le même génotype. Quinze de ces vrais jumeaux avaient été élevés séparément. Le coefficient de corrélation des QI entre les paires de faux jumeaux était seulement de 0,54 par rapport au chiffre idéal de 1. Les paires de vrais jumeaux atteignaient 0,86 (ceux qui n'avaient pas été élevés ensemble 0,77).

Au cours de sa carrière, Cyril Burt a publié trois grandes enquêtes portant sur le QI de jumeaux monozygotes (MZ) séparés dès leur naissance et élevés dans des milieux différents. Ces enquêtes furent publiées respectivement en 1955 (21 paires de jumeaux), en 1958 (plus de 30 paires et en 1966 (53 paires). En 1966, Burt, alors âgé de 83 ans, publia son rapport final sur le sujet, utilisant un échantillon, d'une dimension encore jamais atteinte, de 53 paires de vrais jumeaux élevés séparément. Ces enquêtes ont permis -parmi d'autres travaux du même genre- d'apprécier la corrélation de QI existant entre vrais jumeaux et de constater que celle-ci, en dépit de la séparation des sujets et des différences d'environnement, demeure plus forte que celle du QI des jumeaux dizygotes (DZ) élevés ensemble, dans un milieu identique. En d'autres termes, ces enquêtes tendent à confirmer l'importance de l'hérédité biologique dans la détermination de aptitudes mentales, et plus spécialement de l'intelligence générale.

Burt introduisit ainsi en psychologie deux idées maîtresse qui lui valurent une réputation de découvreur. La première est que les quotients intellectuels ne sont pas un vain mot, la seconde, qu'ils sont héréditaires et que le milieu a beaucoup moins d'importance qu'on le prétend.

La théorie scientifique de Burt

Un thème central de l'oeuvre de Burt est que l'inégalité intellectuelle, comme d'autres différences entre les humains, est en grande partie déterminée par l'hérédité. Burt n'accordait qu'un rôle relativement mineur aux facteurs sociaux et, par conséquent, aux tentatives pour réduire des différences. Pour Burt, l'intelligence se définit comme une fonction cognitive générale et, en presque totalité, transmise génétiquement selon les lois classiques de Mendel. Burt étayait ses vues au moyen de deux ensembles principaux de données fondés l'un sur des comparaisons entre parents et enfants d'après des "estimations" de leur intelligence, l'autre sur des comparaisons analogues entre jumeaux. Sa théorie repose principalement sur la mise en évidence de très fortes corrélations statistiques entre le QI de jumeaux homozygotes élevés, dès le bas âge, dans des milieux différents. Le raisonnement de Burt est simple: si ces couples de jumeaux quasi identiques au plan du génotype, reçoivent dès la naissance une éducation différente l'un de l'autre et que, malgré tout, leur QI, mesuré à 11 ou 12 ans, demeure à toutes fins pratiques le même pour l'un et pour l'autre, alors le processus mental que le test vise à rejoindre (les fonctions cognitives générales) dépend principalement de l'hérédité. Jusqu'aux environs de 1965, cette conception héréditaire de l'origine de l'intelligence est considérée comme un dogme par la vaste majorité des psychologues qui ne remettent en cause ni la validité de l'instrument de mesure ni la certitude des corrélations de Burt.

Cela impliquait que l'admission dans les classes devrait se faire sur la base d'une évaluation du QI, c'est-à-dire d'une sélection, et comme Burt était conseiller du gouvernement et attaché au ministère de l'éducation, il exerça une influence considérable dans le domaine éducatif.

Durant la guerre, Burt alors président de la British Psychology Society, devient l'âme dirigeante d'une série de rapports présentés au ministère de l'Éducation, suite auxquels l'Education Act institue en 1944 les célèbres voies de l'enseignement secondaire public en Grande-Bretagne et l'examen *eleven plus*. Selon cette méthode les élèves se voient orientés à onze ans vers une filière primaire, moyenne ou supérieure ("Grammar-modern-technical") en fonction de leurs notes.

Quelques images et intertitres bien placés peuvent suffire à se repérer dans un article long (ici, sur www.sciencepresse.qc.ca).

Bien placées, les images sont sans doute le procédé le plus efficace. Au mieux, on peut essayer de structurer les choses de façon à ce qu'il y ait quasiment en permanence une image à l'écran, au fur et à mesure que l'on fait défiler le texte. Évidemment, cela alourdit quelque peu la page. Il ne faut donc pas que ces images soient trop volumineuses en mémoire. À chacun de trouver le meilleur compromis. À défaut d'images en lien direct avec son texte, on peu jouer le décalage : un peu d'humour ne fait pas de mal. Ou, si le propos est résolument sérieux, utiliser un procédé classique de la presse magazine : l'exergue, ce pavé de texte, placé comme une image. On aura d'ailleurs tout intérêt, dans ce cas, à gérer effectivement ce pavé comme une image : ce qui permet de jouer comme on le veut sur les couleurs, les polices de caractères, les alignements, etc., et de figer l'apparence une bonne fois pour toutes. On peut également utiliser la balise HTML <blockquote>, pour bloc de citation, qui présente une citation comme un pavé de texte avec retraits à gauche et à droite. En y ajoutant une touche de couleur, c'est un excellent repère visuel.

On peut aussi se servir de la publicité comme d'un repère visuel, c'est le choix fait par Cyberpresse, au Canada (*www.cyberpresse.ca*), qui place fréquemment un encart publicitaire au milieu d'un article. Un choix qui peut aussi avoir l'effet inverse de celui recherché et faire fuir le lecteur. À n'utiliser que si l'on est sûr de sa stratégie...

SUITE

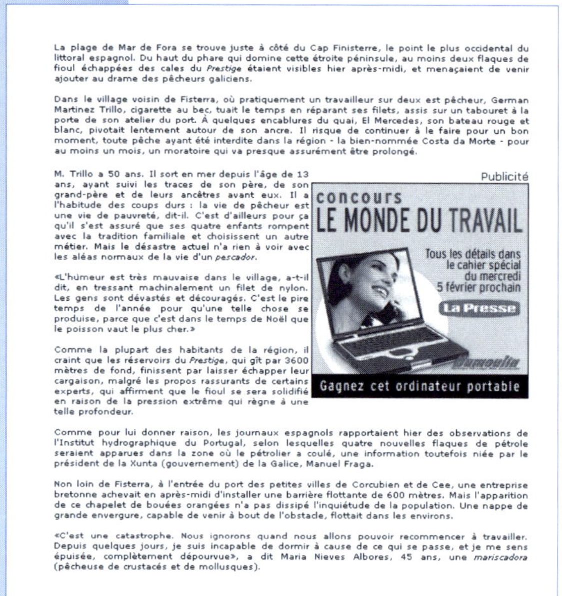

La plage de Mar de Fora se trouve juste à côté du Cap Finisterre, le point le plus occidental du littoral espagnol. Du haut du phare qui domine cette étroite péninsule, au moins deux flaques de fioul échappées des cales du *Prestige* étaient visibles hier après-midi, et menaçaient de venir ajouter au drame des pêcheurs galiciens.

Dans le village voisin de Fisterra, où pratiquement un travailleur sur deux est pêcheur, German Martinez Trillo, cigarette au bec, tuait le temps en réparant ses filets, assis sur un tabouret à la porte de son atelier du port. À quelques encablures du quai, El Mercedes, son bateau rouge et blanc, pivotait lentement autour de son ancre. Il risque de continuer à le faire pour un bon moment, toute pêche ayant été interdite dans la région - la bien-nommée Costa da Morte - pour au moins un mois, un moratoire qui va presque assurément être prolongé.

M. Trillo a 50 ans. Il sort en mer depuis l'âge de 13 ans, ayant suivi les traces de son père, de son grand-père et de leurs ancêtres avant eux. Il a l'habitude des coups durs : la vie de pêcheur est une vie de pauvreté, dit-il. C'est d'ailleurs pour ça qu'il s'est assuré que ses quatre enfants rompent avec la tradition familiale et choisissent un autre métier. Mais le désastre actuel n'a rien à voir avec les aléas normaux de la vie d'un *pescador*.

Publicité

«L'humeur est très mauvaise dans le village, a-t-il dit, en tressant machinalement un filet de nylon. Les gens sont dévastés et découragés. C'est le pire temps de l'année pour qu'une telle chose se produise, parce que c'est dans le temps de Noël que le poisson vaut le plus cher.»

Comme la plupart des habitants de la région, il craint que les réservoirs du *Prestige*, qui gît par 3600 mètres de fond, finissent par laisser échapper leur cargaison, malgré les propos rassurants de certains experts, qui affirment que le fioul se sera solidifié en raison de la pression extrême qui règne à une telle profondeur.

Comme pour lui donner raison, les journaux espagnols rapportaient hier des observations de l'Institut hydrographique du Portugal, selon lesquelles quatre nouvelles flaques de pétrole seraient apparues dans la zone où le pétrolier a coulé, une information toutefois niée par le président de la Xunta (gouvernement) de la Galice, Manuel Fraga.

Non loin de Fisterra, à l'entrée du port des petites villes de Corcubien et de Cee, une entreprise bretonne achevait en après-midi d'installer une barrière flottante de 600 mètres. Mais l'apparition de ce chapelet de bouées orangées n'a pas dissipé l'inquiétude de la population. Une nappe de grande envergure, capable de venir à bout de l'obstacle, flottait dans les environs.

«C'est une catastrophe. Nous ignorons quand nous allons pouvoir recommencer à travailler. Depuis quelques jours, je suis incapable de dormir à cause de ce qui se passe, et je me sens épuisée, complètement dépourvue», a dit Maria Nieves Albores, 45 ans, une *mariscadora* (pêcheuse de crustacés et de mollusques).

La pub comme repère visuel.

Même si on a dit précédemment que la présence de liens hypertextes dans le corps du texte est un facteur de dérive (le lecteur risque d'interrompre sa lecture pour passer à autre chose si on le lui permet), la présence de ces liens, clairement identifiés, propose autant de repères visuels. Aucun problème donc, pour en user, avec parcimonie s'ils renvoient vers d'autres pages Web, avec raison s'ils ouvrent une petite fenêtre en pop up ou un roll over pour une précision (voir exercice 6, p. 60).

De nombreux textes longs ne sont pas écrits spécifiquement pour Internet. Rapports, mémoires, brochures, etc., ces textes bénéficient déjà d'une mise en forme papier satisfaisante. La solution de facilité consiste alors à proposer en ligne le téléchargement d'un fichier PDF : ce format de fichier, lisible sur toutes les machines, permet de conserver la mise en page initiale. Mais il n'est pas réellement conçu pour une lecture à l'écran, il est notamment parfois un peu difficile de se déplacer dans le texte. Par contre, il permet d'imprimer des documents téléchargés en ligne de façon tout à fait satisfaisante.
Microsoft propose un format concurrent, Microsoft Reader, utilisé pour la publication de livres numériques et qui offre une qualité de lecture plus satisfaisante à l'écran : il est spécifiquement conçu pour cela.
L'un comme l'autre de ces deux formats produisent des fichiers un peu « lourds », mais c'est le prix à payer pour les avantages qu'ils procurent.

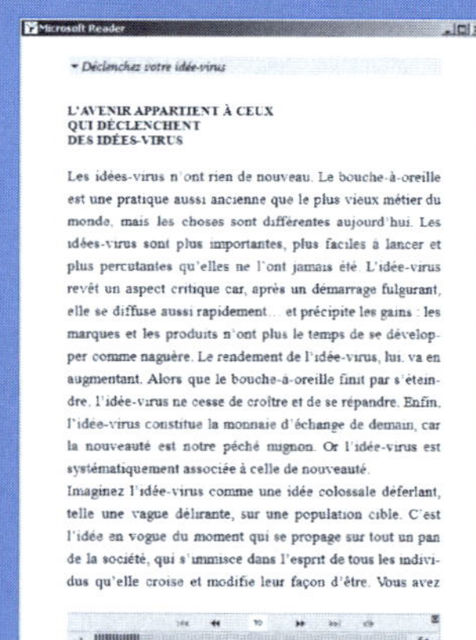

Microsoft Reader

Déclenchez votre idée-virus

L'AVENIR APPARTIENT À CEUX QUI DÉCLENCHENT DES IDÉES-VIRUS

Les idées-virus n'ont rien de nouveau. Le bouche-à-oreille est une pratique aussi ancienne que le plus vieux métier du monde, mais les choses sont différentes aujourd'hui. Les idées-virus sont plus importantes, plus faciles à lancer et plus percutantes qu'elles ne l'ont jamais été. L'idée-virus revêt un aspect critique car, après un démarrage fulgurant, elle se diffuse aussi rapidement… et précipite les gains : les marques et les produits n'ont plus le temps de se développer comme naguère. Le rendement de l'idée-virus, lui, va en augmentant. Alors que le bouche-à-oreille finit par s'éteindre, l'idée-virus ne cesse de croître et de se répandre. Enfin, l'idée-virus constitue la monnaie d'échange de demain, car la nouveauté est notre péché mignon. Or l'idée-virus est systématiquement associée à celle de nouveauté.
Imaginez l'idée-virus comme une idée colossale déferlant, telle une vague délirante, sur une population cible. C'est l'idée en vogue du moment qui se propage sur tout un pan de la société, qui s'immisce dans l'esprit de tous les individus qu'elle croise et modifie leur façon d'être. Vous avez

10

1 64

Exercices

1 **Afin de vérifier que vous avez acquis les informations de ce chapitre, voici un court questionnaire à choix multiples.**

I - Lequel de ces mots est le plus difficile à lire ?

a) kilogramme

b) kilomètre

c) kilogrammètre

II – Laquelle de ces polices de caractères est plus facile à lire ?

a) Le Times New Roman

b) Le Verdana

c) L'Arial

III – Vous mettez en ligne un dossier de fond. Quelle est la longueur optimale des lignes (en nombre de caractères) ?

a) 25

b) 60

c) 80

SUITE

2 **Le jeu des erreurs : quelles sont les erreurs qui ont été commises dans la page Web présentée ici ?**

GRAND DOSSIER

www Rouen.fr

À L'OUEST DE L'OUEST

Après le (re)nouveau Pasteur, la ville poursuit sa (re)conquête de l'Ouest. En point de mire, la mutation programmée de l'îlot Luciline. Une vingtaine d'hectares
à remodeler. Voire plus si affinités.

La Luciline, il y a belle lurette qu'on l'a oubliée. La petite rivière traverse néanmoins toujours - sous terre - le quadrilatère auquel elle a donné son nom, compris entre l'avenue du Mont-Riboudet, le boulevard Ferdinand-de-Lesseps et les rues Jean-Ango et Amédée-Dormoy. Un espace urbain hétérodite où quelques habitations côtoient de vieux entrepôts toujours en service, eux-mêmes adossés aux succursales et concessions automobiles de l'avenue, le tout dans une unité architecturale qu'il est bien difficile de percevoir. Un site d'autant plus atypique qu'il est aujourd'hui encore plus tentant de le comparer à l'avenue Pasteur toute proche, verdoyante, rutilante et tirée au cordeau. En fait, l'îlot Luciline attendait benoîtement son tour. Et il se pourrait qu'il arrive vite. La Ville a confié le projet à Rouen Seine aménagement et à Jean-François Revert, architecte-urbaniste, qui a déjà abordé ce type de problématique (lire l'interview ci-contre). Les premières études sortent des cartons pour matérialiser l'avenir d'un quartier qui cumule de nombreux avantages (lire l'encadré ci-dessous).

Un nouveau centre de vie
L'objectif est à la fois simple et complexe : rapprocher encore un peu plus la ville de son fleuve et de son port en conjuguant activité et cadre de vie. C'est pourquoi le projet - qui n'est encore qu'au stade d'ébauche - propose l'émergence d'immeubles de bureaux - 70 000 m² en front de Seine - alignés sur la tour Thomas, et de logements sur environ 27 000 m², l'ensemble étant distribué par des voies transversales et traversé par un mail piétonnier. Le quartier s'ouvrirait ainsi largement sur le fleuve tendant du même coup la main à son voisin Pasteur. Mais rien n'est arrêté. L'heure est au brassage des idées ; car sculpter un nouveau paysage urbain n'est pas tout à fait comme tirer une figure d'un bloc d'argile brut. Il faut concevoir un schéma d'aménagement porteur, cohérent et rigoureux en tenant compte d'un existant... qui a le droit d'exister et qui participe au dynamisme de la ville. Le projet avance donc en concertation avec les riverains et en particulier, avec les professionnels de l'automobile particulièrement nombreux sur le site. Après les logements et les bureaux, la question se poserait pour les halls d'exposition des différentes marques qui pourraient ainsi se regrouper plus naturellement le long de l'avenue pour lui donner son unité et des airs de "Cité de l'automobile".
Parmi la quarantaine d'investisseurs réunis à l'automne à l'initiative de la Ville, quelques-uns ont d'ores et déjà indiqué qu'ils étaient prêts à s'engager. Et ce, d'autant que le projet Luciline déborde sur les docks et entrepôts attenants au quartier (entre la rue Nétien et la rue de Lillebonne), 20 000 m² de surface dont la Ville entend favoriser la réhabilitation en lieux de loisirs et d'activité économique. A suivre...

LA BONNE ÉTOILE

Pour réussir sa transformation, l'îlot Luciline a dans son jeu quelques atouts majeurs de nature à susciter curiosité et intérêt. Il est en effet au centre d'un espace déjà fortement structuré.
- A l'Est, le quartier Pasteur en mouvement avec la préfecture, une mairie annexe, des équipements scolaires de la petite enfance à l'université et des commerces ;
- D'Ouest en Est, Teor qui assure d'ores et déjà la desserte du quartier et permet de gagner aisément le centre-ville ainsi que l'ensemble des infrastructures de transport ;
- A l'Ouest, un parking-relais de 1 000 places ;
- Au Sud, la Seine et des espaces portuaires - notamment les quais rive droite - en pleine rénovation qui attirent de plus en plus de promeneurs et de sportifs. A ces avantages, il faut ajouter les projets à l'étude ou déjà en chantier :
- le 6e pont - dont les travaux ont commencé - qui reliera les deux rives de la Seine d'ici 2006 et communiquera avec les grandes infrastructures autoroutières de la région ;
- la suite du programme de valorisation des quais avec notamment le développement d'une activité commerciale et de loisirs et l'implantation de nouvelles entreprises ;
- l'aménagement paysager du triangle Pasteur jusqu'à la Seine
- la construction d'un palais des sports à proximité immédiate du grand parking-relais.

UNE CHANCE RARE
Interview de Jean-François Revert, architecte-urbaniste.

Quel est l'intérêt du projet Luciline ?
Je termine sur Nantes le projet Madeleine-Champs de Mars qui a de nombreux points communs avec l'îlot Luciline : de l'espace pour construire et la proximité d'un fleuve : en l'occurrence, la Loire. Ce type de configuration au cœur d'une grande ville est très rare aujourd'hui.

Il y a néanmoins des contraintes...
La voiture a pris indéniablement une place importante sur le secteur avec une voirie qui laisse peu d'espace au piéton. Ce qui est paradoxal quand on se souvient que Rouen a été pionnière pour sa rue du Gros-Horloge piétonne. Or, pour rendre accessible la Seine et faire venir des familles ... faire du quartier un endroit agréable à vivre, en résumé, il faut trouver des solutions pour réserver le centre du quartier à la circulation lente et aux piétons. Cela peut s'envisager avec des parkings en sous-sol pour les logements et des parkings-silo pour les exploitants automobiles du Mont-Riboudet.

La réhabilitation des docks constituerait-elle un attrait supplémentaire ?
Sans doute. À Nantes, j'ai géré le devenir de l'emprise de l'ex-entreprise LU. Un vaste ensemble qui fait partie du patrimoine mais auquel il était nécessaire d'apporter un peu de modernité. Aujourd'hui, c'est devenu un lieu incontournable de la région dans lequel on trouve un théâtre, des boutiques, une crèche... Lyon Confluence (à Lyon) est un autre exemple de réhabilitation réussie qui valorise le quartier et rayonne bien au-delà. L'enjeu à Rouen est similaire.

RÉDACTION Hôtel de Ville - Bâtiment Bourg l'Abbé - 76037 Rouen cedex 1 - Tél. 02 35 08 87 00 / Fax 02 35 08 86 99 - email : **rouenmag@rouen.fr**
Directeur de la publication : Pierre Albertini - **Rédacteur en chef :** Hervé Debruyne - **Journalistes :** Guillemette Flamein, Fabrice Coraichon, Laurent Berneron - **Photographe :** Hugo Zangl

[fermer la fenêtre]

Corrigés

Exercice 1

I – c

II – a

III – b

Exercice 2

Cette page cumule au moins trois erreurs en termes de lisibilité. D'abord, le choix de la police utilisée, du Verdana, dans un corps à peine lisible : 7,5 ! Alors même que les Français éprouvent plus de facilités de lecture avec les caractères à empattement.

Ensuite, notez la longueur des lignes, jusqu'à 180 caractères ! Impossible de s'y retrouver, même avec une police plus lisible. À ce sujet, admettons que la présentation initiale se fait dans une fenêtre plus petite, ce qui limite la longueur des lignes à 80 caractères, mais c'est déjà trop... On obtient la présentation de la page proposée pour cet exercice en affichant la page en plein écran.

Enfin, chapô et intertitre en rouge apparaissent sur des fonds colorés : ça scintille et c'est fatigant pour les yeux. D'autant que les couleurs choisies jurent entre elles !

Il se trouve que le texte qui paraît ici n'a pas été écrit pour Internet, mais pour un journal papier. Est-ce une raison pour lui faire subir un tel traitement ? Et n'est-il pas justement paradoxal d'en rendre l'impression si difficile ?

Lumière ! - Microsoft Internet Explorer

Un nouveau centre de vie

L'objectif est à la fois simple et complexe : rapprocher encore un peu plus la ville de son fleuve et de son port en conjuguant activité et cadre de vie. C'est pourquoi le projet - qui n'est encore qu'au stade d'ébauche - propose l'émergence d'immeubles de bureaux - 70 000 m² en front de Seine - alignés sur la tour Thomas, et de logements sur environ 27 000 m², l'ensemble étant distribué par des voies transversales et traversé par un mail piétonnier. Le quartier s'ouvrirait ainsi largement sur le fleuve tendant du même coup la main à son voisin Pasteur. Mais rien n'est arrêté. L'heure est au brassage des idées ; car sculpter un nouveau paysage urbain n'est pas tout à fait comme tirer une figure d'un bloc d'argile brut. Il faut concevoir un schéma d'aménagement porteur, cohérent et rigoureux en tenant compte d'un existant... qui a le droit d'exister et qui participe au dynamisme de la ville. Le projet avance donc en concertation avec les riverains et en particulier, avec les professionnels de l'automobile particulièrement nombreux sur le site. Après les logements et les bureaux, la question se poserait pour les halls d'exposition des différentes marques qui pourraient ainsi se regrouper plus naturellement le long de l'avenue pour lui donner son unité et des airs de "Cité de l'automobile".

Parmi la quarantaine d'investisseurs réunis à l'automne à l'initiative de la Ville, quelques-uns ont d'ores et déjà indiqué qu'ils étaient prêts à s'engager. Et ce, d'autant que le projet Luciline déborde sur les docks et entrepôts attenants au quartier (entre la rue Nétien et la rue de Lillebonne), 20 000 m² de surface dont la Ville entend favoriser la réhabilitation en lieux de loisirs et d'activité économique. A suivre...

LA BONNE ÉTOILE

Pour réussir sa transformation, l'îlot Luciline a dans son jeu quelques atouts majeurs de nature à susciter curiosité et intérêt. Il est en effet au centre d'un espace déjà fortement structuré.

- A l'Est, le quartier Pasteur en mouvement avec la préfecture, une mairie annexe, des équipements scolaires de la petite enfance à l'université et des commerces ;
- D'Ouest en Est, Teor qui assure d'ores et déjà la desserte du quartier et permet de gagner aisément le centre-ville ainsi que l'ensemble des infrastructures de transport ;
- A l'Ouest, un parking-relais de 1 000 places ;
- Au Sud, la Seine et des espaces portuaires - notamment les quais rive droite - en pleine rénovation qui attirent de plus en plus de promeneurs et de sportifs. À ces avantages, il faut ajouter les projets à l'étude ou déjà en chantier :
- le 6e pont - dont les travaux ont commencé - qui reliera les deux rives de la Seine d'ici 2006 et communiquera avec les grandes infrastructures autoroutières de la région ;
- la suite du programme de valorisation des quais avec notamment le développement d'une activité commerciale et de loisirs et l'implantation de

FIN

15. Polices et enrichissements typographiques

L'OBJECTIF

Utiliser les bonnes polices et les bons enrichissements typographiques

On appelle enrichissements typographiques le gras, l'italique et le souligné que l'on peut appliquer à une police de caractères donnée. Le choix de cette police, comme le choix de ces enrichissements, influe notablement sur la lisibilité d'un texte.

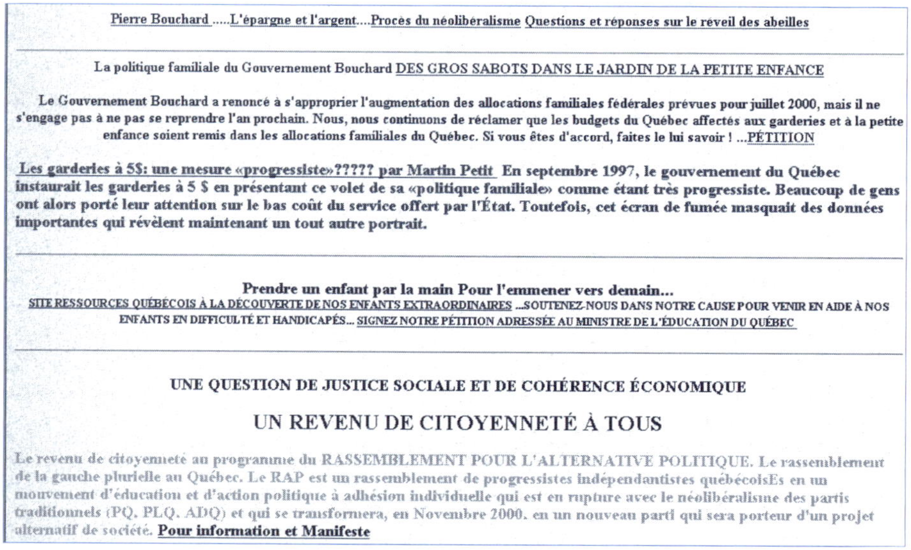

Pierre Bouchard .....L'épargne et l'argent....Procès du néolibéralisme Questions et réponses sur le réveil des abeilles

La politique familiale du Gouvernement Bouchard DES GROS SABOTS DANS LE JARDIN DE LA PETITE ENFANCE

Le Gouvernement Bouchard a renoncé à s'approprier l'augmentation des allocations familiales fédérales prévues pour juillet 2000, mais il ne s'engage pas à ne pas se reprendre l'an prochain. Nous, nous continuons de réclamer que les budgets du Québec affectés aux garderies et à la petite enfance soient remis dans les allocations familiales du Québec. Si vous êtes d'accord, faites le lui savoir ! ...PÉTITION

Les garderies à 5$: une mesure «progressiste»????? par Martin Petit En septembre 1997, le gouvernement du Québec instaurait les garderies à 5 $ en présentant ce volet de sa «politique familiale» comme étant très progressiste. Beaucoup de gens ont alors porté leur attention sur le bas coût du service offert par l'État. Toutefois, cet écran de fumée masquait des données importantes qui révèlent maintenant un tout autre portrait.

Prendre un enfant par la main Pour l'emmener vers demain...
SITE RESSOURCES QUÉBÉCOIS À LA DÉCOUVERTE DE NOS ENFANTS EXTRAORDINAIRES ...SOUTENEZ-NOUS DANS NOTRE CAUSE POUR VENIR EN AIDE À NOS ENFANTS EN DIFFICULTÉ ET HANDICAPÉS... SIGNEZ NOTRE PÉTITION ADRESSÉE AU MINISTRE DE L'ÉDUCATION DU QUÉBEC

UNE QUESTION DE JUSTICE SOCIALE ET DE COHÉRENCE ÉCONOMIQUE

UN REVENU DE CITOYENNETÉ À TOUS

Le revenu de citoyenneté au programme du RASSEMBLEMENT POUR L'ALTERNATIVE POLITIQUE. Le rassemblement de la gauche plurielle au Québec. Le RAP est un rassemblement de progressistes indépendantistes québécoisEs en un mouvement d'éducation et d'action politique à adhésion individuelle qui est en rupture avec le néolibéralisme des partis traditionnels (PQ. PLQ. ADQ) et qui se transformera, en Novembre 2000. en un nouveau parti qui sera porteur d'un projet alternatif de société. Pour information et Manifeste

Si l'on utilise les polices et les enrichissements typographiques à outrance, le résultat n'offre pas la meilleure lisibilité...

Mais que fait la police ?

Lorsqu'on affiche un texte du Web sur son écran, on ne télécharge pas les polices de caractères que le webmaster souhaitait utiliser mais les polices les plus proches de celles-ci, présentes sur son disque dur. Résultat, lorsqu'on met du texte en ligne, le plus simple est d'utiliser une police dont on est sûr qu'elle sera présente sur l'ordinateur de l'internaute qui consultera la page : on maîtrise mieux ses effets.

Du coup, toutes les pages du Web sont contraintes à un minimum de sobriété : le système d'exploitation Windows 98, par exemple, fournissait une cinquantaine de polices en standard. Mais le concepteur de site ne peut pour autant être sûr qu'elles seront lues par le navigateur de tous ses visiteurs : il y a ceux qui se servent encore de Windows 95, ceux qui utilisent Windows NT, Windows 2000... et la liste des polices résidentes est différente à chaque fois ! Et c'est sans compter les utilisateurs de Mac. En se limitant aux polices que l'on trouve à la fois sur les machines Mac et PC récentes, on a tout au plus une dizaine de polices communes.

Et l'on se retrouve le plus souvent avec du Times, de l'Helvetica ou de l'Arial. Pire, si aucune police n'est précisée dans le code HTML, et que l'internaute n'a pas modifié les préférences (Mac) ou les options (PC) de son navigateur, la police par défaut est une variété de Times.

En fait, lorsqu'il s'agit de textes longs, on évitera si possible le Times, fatigant à l'écran. Et, par souci d'homogénéité, on ne l'utilisera carrément pas, même pour les articles courts, dans les sites qui sont susceptibles de contenir des textes longs...

Restent deux autres polices possibles, le Verdana et le Georgia, qui ont été spécifiquement dessinées pour faciliter la lecture à l'écran. Pour des lecteurs français, on préférera la deuxième, dont les empattements correspondent mieux aux habitudes de lecture. Ces polices, au cas où vous n'en disposeriez pas, sont téléchargeables gratuitement sur le site de Microsoft (*www.microsoft.fr*).

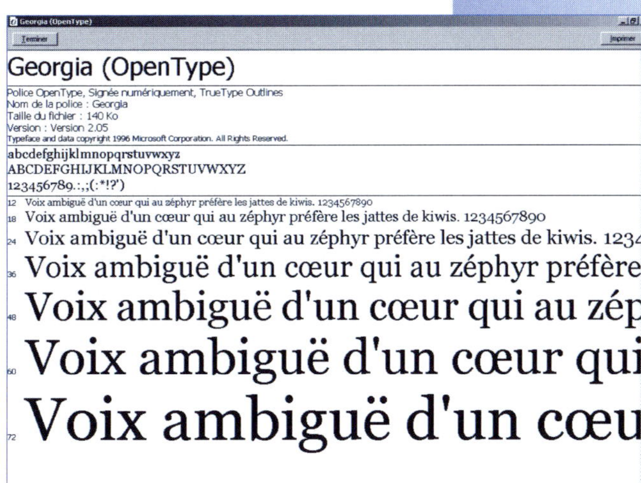

SUITE

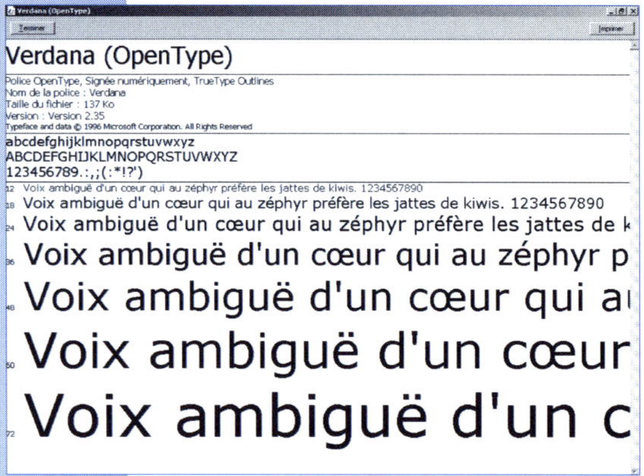

Pour le reste, il faut faire contre mauvaise fortune bon cœur ! Si vous souhaitez malgré tout utiliser des polices « exotiques », vous prenez simplement le risque qu'elles ne s'affichent pas telles qu'elles sur les écrans de ceux qui consulteront vos pages. Ce n'est donc pas le bon choix si vous visez la meilleure lisibilité possible.

Néanmoins, vous pouvez réaliser des effets graphiques sur le texte, en vous assurant qu'il s'affichera comme vous le souhaitez. Il suffit de « dessiner » votre texte, à l'aide d'un logiciel de retouche d'image par exemple, et de l'enregistrer en tant qu'image. Vous pouvez réserver cette technique aux titres, légendes (incorporées aux images), intertitres, exergues, signatures... Mais attention : les moteurs de recherche passeront à côté de ces éléments, qui ne seront, à juste titre, considérés que comme des images.

Pour obtenir un résultat satisfaisant du point de vue graphique, comme du point de vue technique, le mieux, et le plus simple, est donc le plus souvent de jouer sur les tailles de caractères et les enrichissements typographiques.

Une question de taille

Du point de vue de la taille des caractères, on a longtemps été limité sur le Web. Le résultat n'était d'ailleurs pas si négatif, puisque les sites étaient du coup globalement lisibles. En fait, on pouvait déterminer une taille de caractères : en général <font size="3">, pour le texte courant. Cette valeur « 3 » étant une valeur relative, on pouvait décider d'une taille 4 ou 2, pour d'autres éléments du texte. Les utilisateurs peuvent régler leur navigateur pour décider si la taille 3 correspond à tel ou tel corps, et la taille de tous les caractères de la page est déterminée à partir de ce choix. Aujourd'hui, on programme les pages de plus en plus souvent en utilisant des feuilles de style, ou plus précisément des « feuilles de style en cascade » (en anglais : « Cascading Style Sheets », d'où le sigle CSS). Chaque partie du texte s'y voit définir des attributs (couleur, emplacement, police, etc.). Et les webmestres peuvent intervenir beaucoup plus précisément sur la taille des caractères qu'ils utilisent... On définit un style pour les titres, un pour les intertitres, un pour les légendes, un pour les notes, un pour les liens hypertextes, et ce sont ces styles, stockés à part des données qui sont utilisés pour mettre le texte en forme. Résultat : plus de liberté, mais plus de problèmes de lisibilité, aussi. Il était bien confortable, notamment pour ceux dont la myopie est un peu forte, de pouvoir grossir la taille des caractères en toute liberté, fût-ce au détriment de la mise en page. Souvenez-vous qu'il vaut mieux parfois sacrifier ses goûts sur l'autel de la lisibilité : à quoi peut-il donc bien servir de faire des choses splendides si la forme empêche d'accéder au fond ?

L'italique

Déjà sur papier, on recommande de ne pas abuser de l'italique. À l'écran, cet enrichissement du texte pose autant, si ce n'est plus de problèmes, au lecteur : les pixels, carrés, ont bien du mal à représenter les obliques et les déliés. On pourrait s'amuser d'une telle situation puisque l'italique a été mis en place parce qu'il était alors plus facile à lire que les caractères romains. C'était à l'époque où l'on n'avait pas l'habitude de lire des textes imprimés. Mais maintenant que l'habitude a été prise, c'est l'inverse qui se produit !

Du coup, on n'utilise l'italique que parcimonieusement (notez au passage comme un mot aussi long que « parcimonieusement » est plus long à lire que deux mots courts)... Donc, on ne mettra en italique que quelques mots dans un texte en romain, pas plus. Un paragraphe entier ? Ce serait illisible.

Si l'on veut être réellement rigoureux, on n'écrira en italique que les notes de musique, certaines indications musicales, les titres d'œuvres, les noms de bateaux, les noms de plantes en latin, les mots étrangers non assimilés, les citations, les chefs de mise en examen. Mais, attention, les titres d'articles s'écrivent en romain, entre guillemets.

Son silence, sa discrétion, comme son efficacité, faisaient facilement oublier son étrangeté. Episodiquement de nouveaux bruits couraient, la plupart du temps sans méchanceté, en tous cas jamais dirigés directement contre lui, souvent contre le patron. Mais le plus important pour tous était que la maison tourne, et, pour tourner, elle tournait. Chacun courait dans son sens, s'énervait, criait, laissait éclater sa joie, les livres étaient choisis, paraissaient, étaient plus ou moins bien vendus, puis vite oubliés et tout recommençait : nouveaux livres, nouveaux auteurs, signatures, contrats, cocktails, émissions, téléphones, lectures... Brouhaha incessant, spirale, illusion savamment entretenue de l'importance culturelle, donc universelle, de la tâche de chacun. Et le pilon trop souvent, broyait les invendus, inutiles, anciens espoirs trop tôt devenus livres. Les manuscrits reçus, enregistrés, non-lus, étaient renvoyés automatiquement à un obscur auteur inintéressant car inconnu, ne figurant pas déjà dans le Who's who, la bible de l'éditeur fructifiant.

Un paragraphe entier en italique ? Illisible...

SUITE

Le gras

Utiliser le gras à l'écran ne pose aucun problème de lisibilité, sauf si on l'applique uniformément à un texte long... Auquel cas, ce n'est pas forcément très agréable à lire. Utiliser le gras pour la titraille, certains encadrés, c'est une bonne idée. D'autant qu'on peut coupler gras et couleur pour obtenir un résultat encore plus visuel. En tout état de cause, mieux vaut utiliser les enrichissements typographiques plutôt que multiplier les polices de caractères au sein d'une même page.

À noter que l'on peut user simultanément *du gras et de l'italique* ! Avec les avantages et les inconvénients mêlés de chacun de ces deux enrichissements pris séparément !

Le souligné

Souligner certains mots dans un texte en ligne n'est pas sans poser problème. En effet, la règle veut que les liens hypertextes soient signalés par l'usage du soulignement. Faites de même, et limitez-en l'usage à l'hypertexte. Ici comme ailleurs, c'est en usant des règles communes que vous vous assurez la meilleure lisibilité possible.

Reste qu'il est également fréquent de souligner titres et sous-titres, comme cela est le cas sur papier... On peut trouver d'autres moyens de faire ressortir les éléments de titraille, alors, autant le faire. Ainsi, l'internaute qui vient sur votre site saura qu'à coup sûr, lorsqu'un mot est souligné, un lien se cache derrière.

> En mode texte, on n'a pas accès aux enrichissements typographiques. Pour faire ressortir les mots importants, on les encadre généralement avec des tirets inférieurs (*underscore*). Par exemple : Regardez derrière la grange, vous verrez le _prunier_.

Le nom des polices de caractère

Aux États-Unis (source de la plupart des polices de caractères pour imprimantes laser et photocomposeuses), seul le nom de la police peut être déposé, mais non le dessin. Ceci explique qu'il existe, sous des noms différents, de nombreuses copies de polices identiques ou très proches. Bien entendu, les subtilités du dessin n'échappent pas à un œil exercé mais comme les spécialistes sont rares, pour la plupart des lecteurs, ces polices peuvent être considérées comme identiques.
La liste ci-après énumère quelques polices très utilisées en signalant le nom d'origine (déposé) et le nom sous lequel des copies peuvent être vendues :

- Bodoni (Colombia, Galileo)
- Futura (Gothica, Sans Serif, Congo)
- Helvetica (Swiss, Triumvirate)
- Optima (Option)
- Palatino (Zapf Calligraphic)
- Peignot (Monterey, Spokane)
- Times (Arial, Dutch)
- Univers (Zurich)

Les icônes des polices

Une police PostScript est toujours composée de deux éléments : la police écran (contenue dans un fichier dont la forme évoque une valisette) et la police destinée à l'imprimante. L'icône de la police pour imprimante peut prendre plusieurs formes selon le fondeur.
Une police TrueType n'est composée que d'un seul fichier; celui-ci a toujours une forme identique : un dossier contenant deux fois la lettre T.

Les variétés de polices

Outre les polices « classiques » pour écrire dans les langues européennes, on peut trouver facilement sur l'Internet des dizaines de polices pour les alphabets étrangers. Le choix des polices n'est pas limité aux langues, on trouve également des symboles, des graphiques, des pièces pour les jeux d'échec (notre exemple), etc. L'utilisation d'une police exotique dans un texte sur le Web n'est cependant pas sans dangers. Elle nécessite, en effet, que le lecteur du texte dispose également de cette police. Il n'est donc pas conseillé d'utiliser des polices particulières pour les pages affichées sur le Web. Néanmoins, vous pouvez utiliser toutes les variétés de polices dans la création de documents PDF (lesquels affichent, quel que soit l'ordinateur, le contenu exact du document; exactement comme il a été créé).

FIN

16. Les règles de typographie adaptées à Internet

L'OBJECTIF

Savoir adapter les règles typographiques aux spécificités d'Internet

Il existe de très nombreux guides de typographie, et notre objet n'est pas ici d'en proposer un de plus. Mais les contraintes d'Internet sont particulières et il peut être nécessaire de savoir comment adapter certaines règles à l'affichage sur écran.

Abréviations

Les seules abréviations à poser un problème particulier sur le Web sont celles qui imposent l'usage du texte en exposant. Mademoiselle, mesdemoiselles, madame, mesdames, se construisent ainsi : Mlle, Mlles, Mme, Mmes. Cette recommandation est de moins en moins suivie, et l'on voit de plus en plus souvent Mlle, Mlles, Mme, Mmes. Le tout est d'effectuer un choix et de s'y tenir.

Sur le Web, on peut utiliser la balise [,] pour encadrer le texte, ce qui donne : Mlle pour Mlle.

En mode texte (messagerie, newsgroups), on devra écrire Mlle ou Mme. La technique impose ce choix : on ne peut pas faire autrement.

L'abréviation des nombres ordinaux se fait de la même façon : 1er, 1re, 2e, 3e.

À noter : 1°, 2°, qui signifient *primo*, *secundo*, peuvent s'utiliser pour une énumération, mais ils ne remplacent pas « premier » et « second ». Le ° est un petit o, pas un zéro.

Accents sur les capitales

Impossible de départager les partisans de l'accentuation des capitales des autres... La seule règle qui semble raisonnable, ici, est de décider une fois pour toutes ce que l'on fait (accentuation ou non). Mais ça ne semble pas si simple pour tout... le monde. En effet, un journal aussi sérieux que *Le Monde* respecte le principe suivant : « On n'accentue les majuscules que dans les parties de texte tout en majuscules. »

Dans une page Web avec le code ISO correct, aucun problème pour écrire *À*, *É*... c'est aussi simple que *à* et *é*. Si cela ne fonctionne pas, on utilise le code HTML comme pour les minuscules : À, É.

Par e-mail, le vieux problème des lettres accentuées qui ne passent pas se rencontre de moins en moins souvent. En tout état de cause, si le « é » passe, les É, Å, Ã passeront également !

Lettrine

La lettrine, c'est cette fameuse première lettre d'un paragraphe qui couvre plusieurs lignes à la fois. Dans la presse, elle sert à indiquer sans équivoque possible où commence un texte.

SUITE

On peut créer une lettrine grâce à une feuille de style (CSS), ou en insérant une image. Difficile, quelle que soit l'option choisie, d'obtenir un résultat aussi convaincant que sur papier...

Liens hypertextes

On n'écrira généralement les adresses de site en toutes lettres que lorsqu'elles sont destinées à être imprimées. Autrement, on insérera le lien dans le texte lui-même, en sélectionnant une portion de texte suffisamment importante : rien de plus terrible que le « Cliquez ici » où seul « ici » est un lien hypertexte.

Dans un e-mail, une messagerie instantanée, en mode texte, la meilleure technique consiste à écrire les URL en toutes lettres, en revenant à la ligne. Quand c'est possible, ces logiciels les repèrent et les rendent cliquables.

Petites capitales

Lorsqu'on donne le nom de l'auteur, dans une référence bibliographique, on est censé utiliser les petites capitales. De plus en plus souvent, cette règle passe à la trappe, et l'on écrit Gustave Flaubert au lieu de Gustave FLAUBERT...

En HTML, les petites capitales s'obtiennent en définissant une taille de police inférieure au texte courant : Gustave F<font size -1>LAUBERT</font>

Ponctuation

En théorie, voici quelles espaces il faut placer de chaque côté d'un signe de ponctuation :

Avant	Signe	Après
texte ou ponctuation	,	sécable ou fin paragraphe
texte ou ponctuation	.	espace, ponctuation ou fin paragraphe
espace insécable	:	sécable ou fin paragraphe
1/4 cadratin	;	sécable ou fin paragraphe
1/4 cadratin	!	sécable ou fin paragraphe
1/4 cadratin	?	sécable ou fin paragraphe
texte	-	texte

sécable ou début de paragraphe	(	texte
texte ou ponctuation	)	espace, ponctuation ou fin paragraphe
espace sécable	[	texte
texte ou ponctuation	]	sécable ou ponctuation
texte	´	texte
sécable ou début paragraphe	“	1/4 cadratin
1/4 cadratin	”	espace, ponctuation ou fin paragraphe
espace sécable	« **(ouvrant)**	texte
texte ou ponctuation	« **(fermant)**	espace, ponctuation ou fin paragraphe
texte	...	espace, ponctuation ou fin paragraphe
espace insécable	+	espace sécable
espace insécable	=	espace insécable
espace insécable	<	espace insécable
espace insécable	>	espace insécable
espace insécable	%	sécable ou ponctuation
espace sécable	**paragraphe**	espace insécable
espace insécable	&	espace insécable
texte	/	texte

L'espace insécable est une espace qui ne peut être coupée en fin de ligne. Le cadratin est une espace de la taille du corps du caractère (« espace normale »), le demi-cadratin fait la moitié de cette taille, et le quart de cadratin le quart...

En HTML, il n'est pas possible de définir les quarts de cadratin, on devra donc assouplir la règle.

En effet, on peut parfaitement créer des espaces insécables en utilisant la balise HTML   partout où le code typographique impose des espaces larges insécables. On utilisera aussi ce code pour les espaces d'un quart de cadratin. Puisqu'on n'a guère le choix...

Quand on travaille en format texte (e-mail, messagerie...), il n'est même pas possible de gérer les espaces insécables. Soit on ne laisse pas d'espace avant

SUITE

les signes qui les nécessitent et l'on est sûr de ne pas avoir de retour à la ligne mais c'est moins beau, soit on laisse un espace, avec le risque de voir un % séparé de son 99 en début de ligne...

Conclusion

Un tout dernier conseil à vous donner avant de finir ce livre ? Si l'on devait définir ce qu'est un bon texte, il n'y aurait finalement qu'une seule réponse valable : c'est celui qui plaît au lecteur ! Dans la mesure, évidemment, où le message que l'on veut faire passer est bien passé.

C'est ce lecteur, celui à qui vous écrivez, qu'il faut mettre, quoi qu'il arrive, au cœur de votre démarche, c'est à ce lecteur moyen-là que l'on pense en édictant les principes qui fondent la lisibilité d'un texte. Il faut donc en savoir le maximum sur votre lecteur moyen, ses attentes, ses habitudes... Mieux, pensez à quelqu'un de proche, que vous connaissez bien, et écrivez pour lui. Votre belle-mère est ce qui se fait de plus proche de votre lecteur type ? Pensez à elle, faites ce qu'il faut pour que votre texte lui plaise. Si vous y arrivez, et pourquoi n'y arriveriez-vous pas ?, c'est gagné !

L'Atelier

Bien écrire pour le Web

Annexes

Outils de rédaction

Ortho Net - Dépannage immédiat sur l'orthographe et la conjugaison.

http://www.sdv.fr/orthonet/recherche.html

Dictionnaire Universel - Dictionnaire de la francophonie issu du Dictionnaire Universel d'Afrique.

http://www.francophonie.hachette-livre.fr/

Dictionnaire des synonymes - 52 000 entrées et 403 000 synonymes.

http://elsap1.unicaen.fr/dicosyn.html

Devoir conjugal - Outil de conjugaison de l'Université d'Alberta, Canada.

http://www.pomme.ualberta.ca/devoir/

Plus de 300 verbes pour Citations - Outils pour varier le choix des verbes dans les citations.

http://www.mlink.net/~jsm/

Typographie française - Règles essentielles issues du Manuel de typographie française élémentaire d'Yves Perrousseaux.

http://bisance.citi2.fr/typo/

Glossaire typographique et linguistique - Glossaire des termes typographiques et linguistiques adapté au net.

http://www.isoc.org:8080/glossaire/

L'essentiel de la nouvelle orthographe - Rectifications orthographiques publiées au Journal officiel de la République française en 1990 pour les huit cents mots les plus fréquents de la langue française.

http://juppiter.fltr.ucl.ac.be/FLTR/ROM/ess.html

Pour aller plus loin sur le sujet : articles, dossiers, magazines en ligne

Un dossier assez complet sur l'écriture Web.

http://www.redaction.be/

La typographie du Web.

http://cerig.efpg.inpg.fr/ICG/Dossiers/Typo/sommaire.htm

Recommandations sur l'écriture en ligne.

http://www.lergonome.com/dev/pages/article_11.asp

La lecture facile à l'écran.

http://www.uzine.net/article1738.html

SUITE

Petit guide typographique à l'usage d'Internet.

http://www.uzine.net/article1802.html

Magazine en ligne sur l'écriture.

http://magazine.la-boite-a-ecrire.com

Jliste. Destinée prioritairement aux professionnels, cette « mailing list » créée dès 1997 se consacre aux médias d'actualité sur Internet. Exclusivement.

http://www.jliste.net/jliste.html

Un travail d'étudiant sur l'écriture en ligne.

http://www.ecriture-journalistique.com/

Sites dédiés à l'écriture en ligne

Écrire sur un site Web, c'est bien, mais avec quoi ? Si l'on veut pouvoir bénéficier d'un contenu facile à mettre à jour, où l'on peut rentrer ses textes sans se soucier chaque fois de leur mise en forme, on se tournera vers les *Content Management Systems* (CMS), les systèmes de gestion de contenu. Idéal pour créer des sites « dynamiques » et non « statiques », où le contenu est figé sur le serveur.

Ces systèmes fonctionnent sur un mode simple : d'un côté, il y a les pages HTML, auxquelles vous ne touchez plus une fois qu'elles sont en place (ou dont vous modifiez la présentation quand bon vous semble), et de l'autre il y a le contenu lui-même.

Les pages (html), appelées « templates », « thèmes » ou « squelettes », sont stockées sur le serveur. Et les données dans une base. Quand un internaute se rend sur une page, le moteur du CMS fait le collage de la page et de son contenu, automatiquement.

Tout, ou presque, se faisant en ligne, via une interface d'administration, la gestion des sites est facilitée. Le plus souvent, les CMS permettent également de partager le travail à plusieurs. Le responsable peut désigner d'autres administrateurs, qui géreront telle ou telle partie ou sous-partie du site, des rédacteurs, qui pourront écrire...

Bien sûr, certains CMS sont payants, et parfois même très cher, mais la communauté du logiciel libre s'est emparée avec succès de la question, et l'on trouve de très nombreux CMS, à tel point qu'il est parfois difficile de s'y retrouver...

Petit tour d'horizon qui vous permettra, peut-être, de trouver la solution technique idéale pour écrire en ligne !

SUITE

PHP Nuke, Postnuke et Xoops

Les « Nuke » sont sans doute initialement les plus connus des CMS. Anglophones, ils sont idéaux pour la gestion d'une communauté, mais attention : à réserver aux passionnés que l'informatique ne rebute vraiment pas ! Dans ce cas, on peut tout faire avec PHP Nuke...

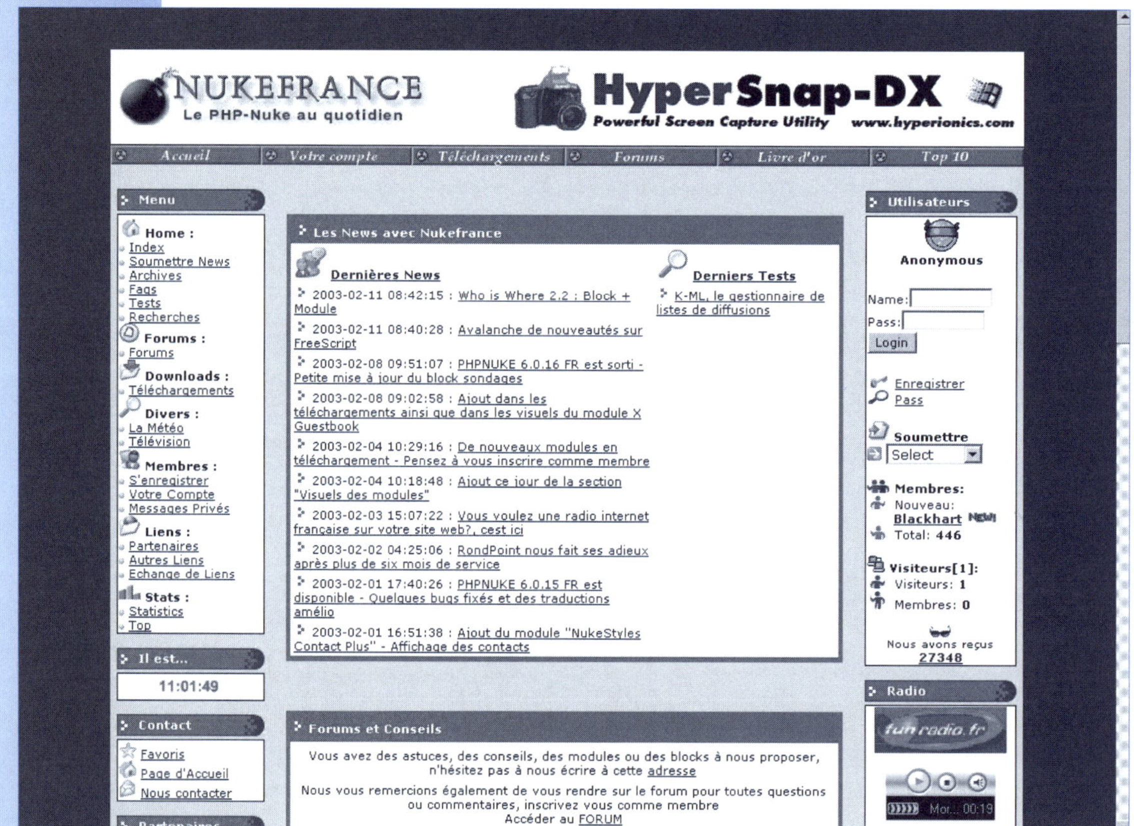

- PHP-Nuke : *www.nukefrance.com*
- Postnuke : *www.postnuke.com*
- Xoops : *www.xoops.org*
- NPDS (un dérivé de PHP-Nuke 4.4x) : *www.npds.org*

Portix

Français, et vraiment très simple à mettre en place ! La personnalisation ne pose pas de problème. Les fonctions sont limitées mais quand on ne veut pas se lancer dans le décryptage du code, c'est parfait !

▸ *http://portix.be*

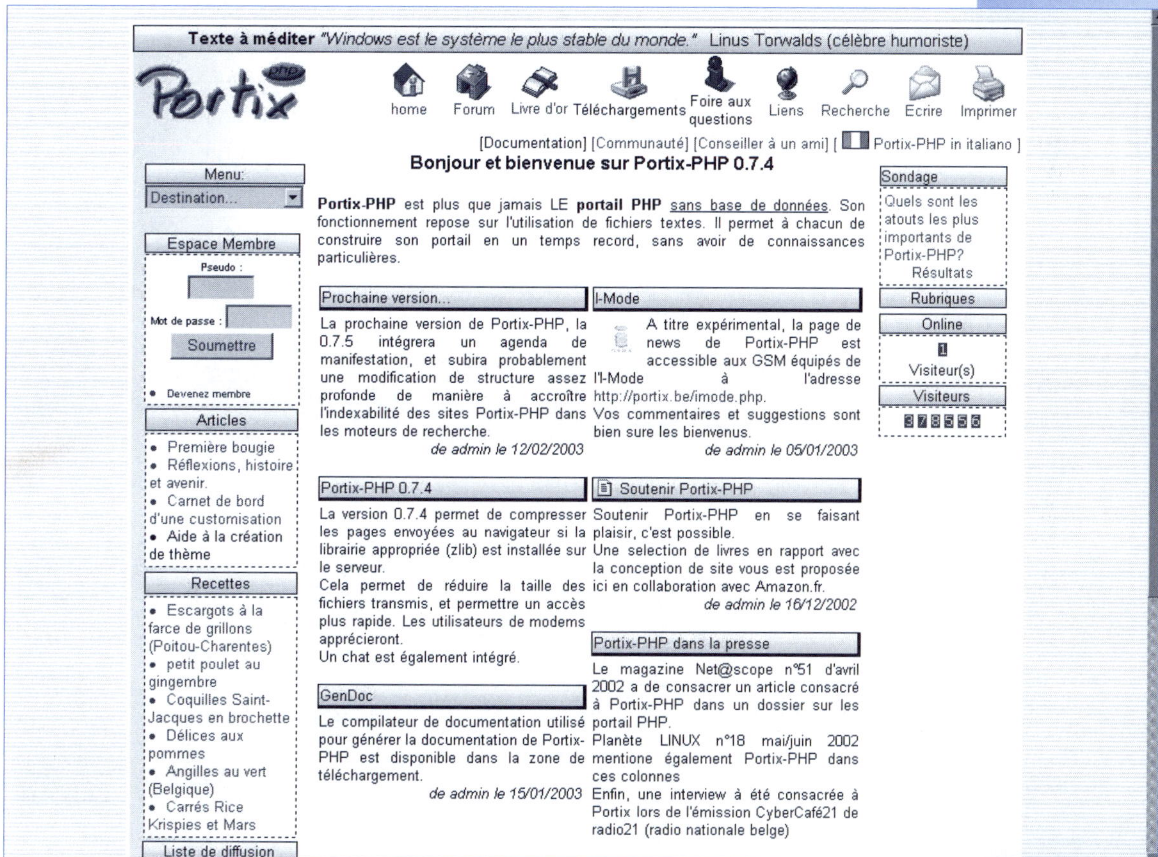

SUITE

PHP Forge

PHP Forge est un CMS simple, et francophone, qui permet de créer un site rapidement et simplement. Ce portail possède un système de news et d'articles avec commentaires, un annuaire de liens et de téléchargements, un script d'affichage d'événements, une liste de photos, des forums et plein d'autres outils utiles pour créer un site Web vraiment dynamique.

▶ *http://membres.lycos.fr/phpforge/home.php*

Ovidentia

Plutôt spécialisé, ce générateur de portail pour les entreprises, les organismes ou les communautés permet « une gestion administrable de publications d'informations, de forum de discussions, de calendriers, de FAQ, de workflow, de partage de fichiers et d'interface de messagerie... un éditeur WYSIWYG pour éditer les articles, les news, les contributions ou pour écrire des e-mails ». Et même une fonction « demandes de congés » !

▶ *www.ovidentia.org*

SUITE

SPIP

Très orienté « contenu », ce CMS a un vrai succès, mérité. Il permet de réaliser un site très facilement, la communauté des utilisateurs est très réactive, on trouve toujours l'aide dont on a besoin. Pour créer une belle interface, il faudra approfondir ses connaissances. Mais le résultat vaut qu'on fasse l'effort.

▸ *http://www.uzine.net/rubrique91.html*

AttilaPHP

Pour les sites à contenu rédactionnel léger, AttilaPHP est très facile à mettre en place et à utiliser. Le projet est en stand by, et il est difficile de trouver d'autres utilisateurs à qui demander conseil. Mais on peut lire sur le site que : « Le successeur d'AttilaPHP est bien en route : il s'appelle *Tengri*. L'objectif est de refondre AttilaPHP pour le rendre encore plus simple, plus fiable et plus modulaire. Tout en gardant les deux principes qui font sa force : la simplicité et les zones privées. »

▸ *http://www.attila-php.net*

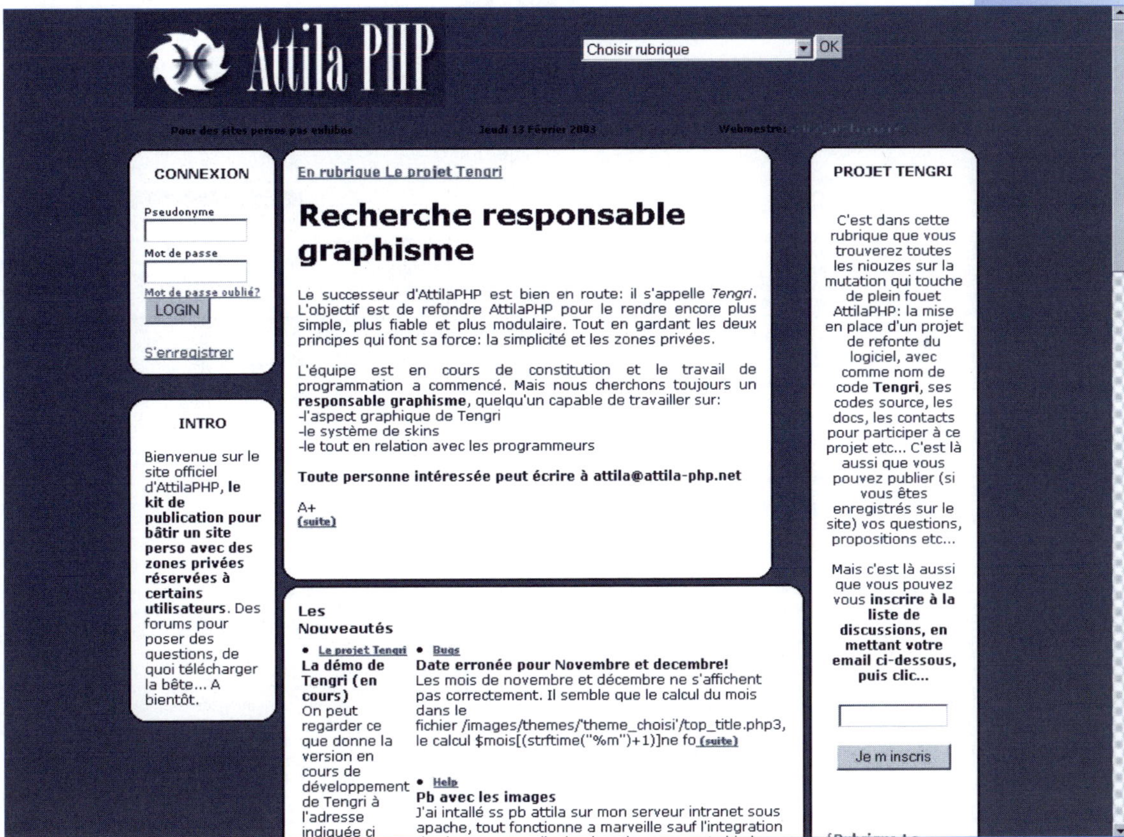

SUITE

daCode

daCode est un moteur de dépêches : gestion complète d'un site, module de gestion de dépêches, gestion de commentaire poussée, avec deux types de modération...

▸ *www.dacode.org*

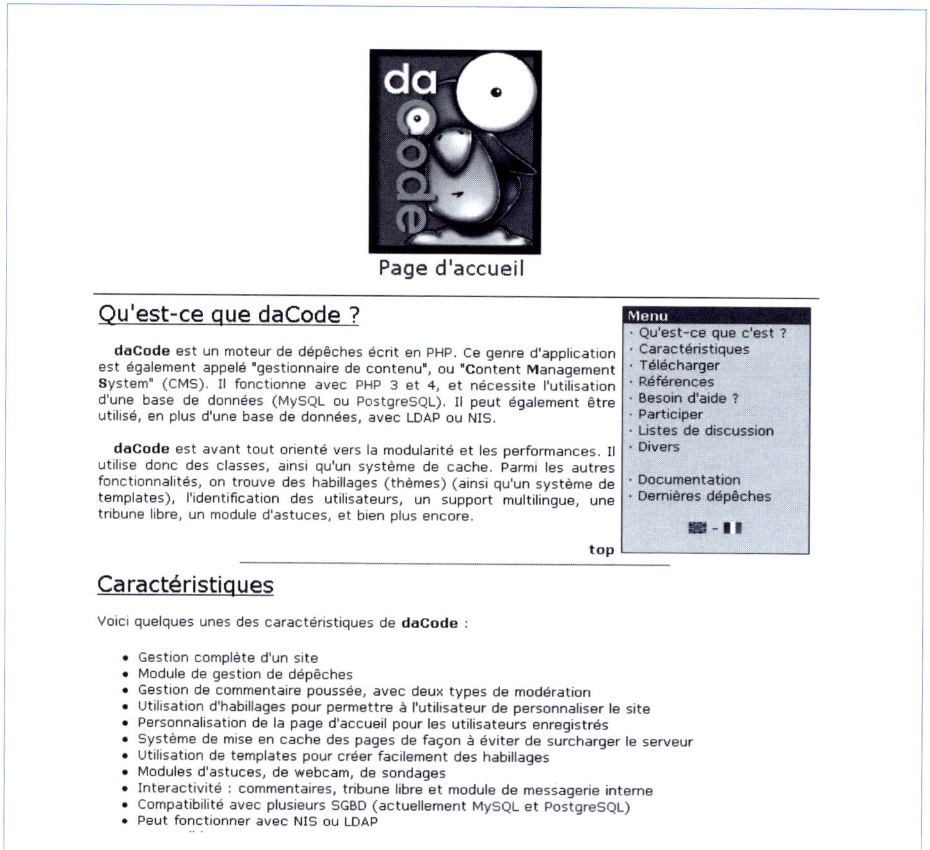

Page d'accueil

Qu'est-ce que daCode ?

daCode est un moteur de dépêches écrit en PHP. Ce genre d'application est également appelé "gestionnaire de contenu", ou "**C**ontent **M**anagement **S**ystem" (CMS). Il fonctionne avec PHP 3 et 4, et nécessite l'utilisation d'une base de données (MySQL ou PostgreSQL). Il peut également être utilisé, en plus d'une base de données, avec LDAP ou NIS.

daCode est avant tout orienté vers la modularité et les performances. Il utilise donc des classes, ainsi qu'un système de cache. Parmi les autres fonctionnalités, on trouve des habillages (thèmes) (ainsi qu'un système de templates), l'identification des utilisateurs, un support multilingue, une tribune libre, un module d'astuces, et bien plus encore.

top

Menu
· Qu'est-ce que c'est ?
· Caractéristiques
· Télécharger
· Références
· Besoin d'aide ?
· Participer
· Listes de discussion
· Divers

· Documentation
· Dernières dépêches

Caractéristiques

Voici quelques unes des caractéristiques de **daCode** :

- Gestion complète d'un site
- Module de gestion de dépêches
- Gestion de commentaire poussée, avec deux types de modération
- Utilisation d'habillages pour permettre à l'utilisateur de personnaliser le site
- Personnalisation de la page d'accueil pour les utilisateurs enregistrés
- Système de mise en cache des pages de façon à éviter de surcharger le serveur
- Utilisation de templates pour créer facilement des habillages
- Modules d'astuces, de webcam, de sondages
- Interactivité : commentaires, tribune libre et module de messagerie interne
- Compatibilité avec plusieurs SGBD (actuellement MySQL et PostgreSQL)
- Peut fonctionner avec NIS ou LDAP

Lutèce

Conçu pour les mairies d'arrondissement de la ville de Paris, Lutèce permet de réaliser des sites portails à l'apparence tout ce qu'il y a de plus professionnel.

► *http://fr.lutece.paris.fr/fr/jsp/site/Portal.jsp*

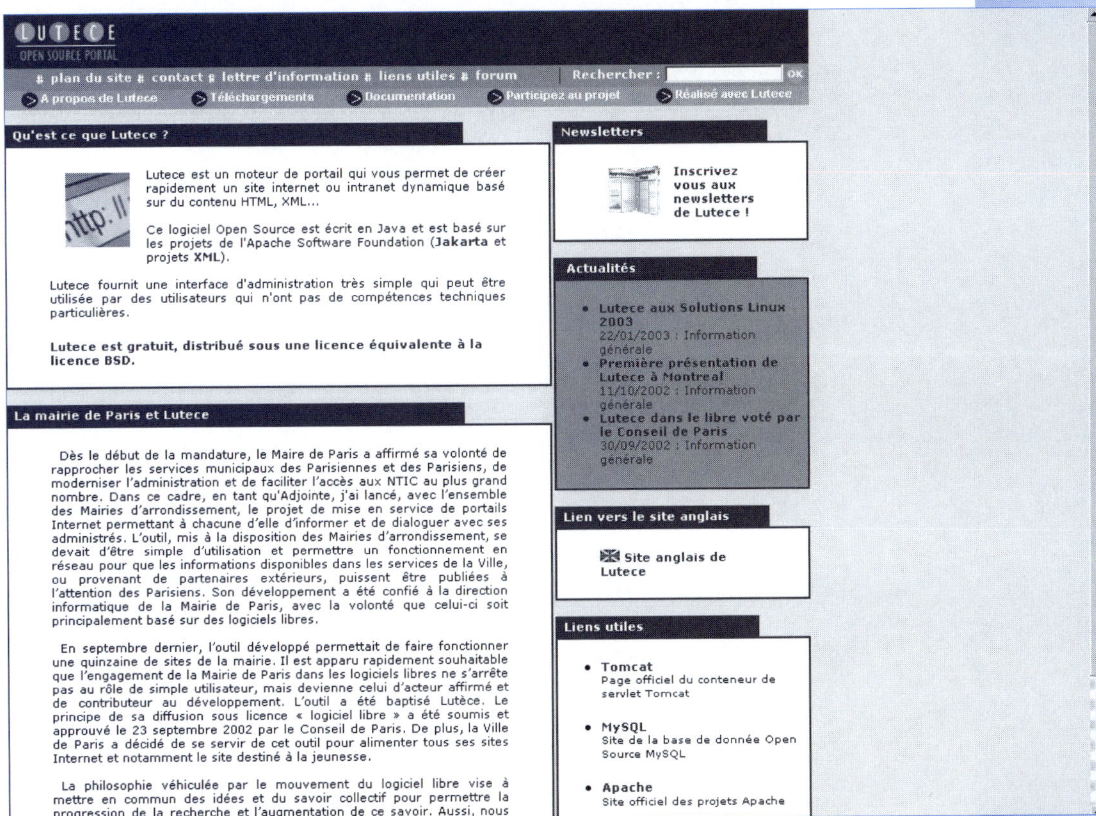

SUITE

En savoir plus

- Un tableau comparatif :

http://www.ac-rennes.fr/tic/glossaire/AnalysePlateformes.htm

- LE site spécialisé en français qui vous dira tout :
http://www.boomtchak.net/

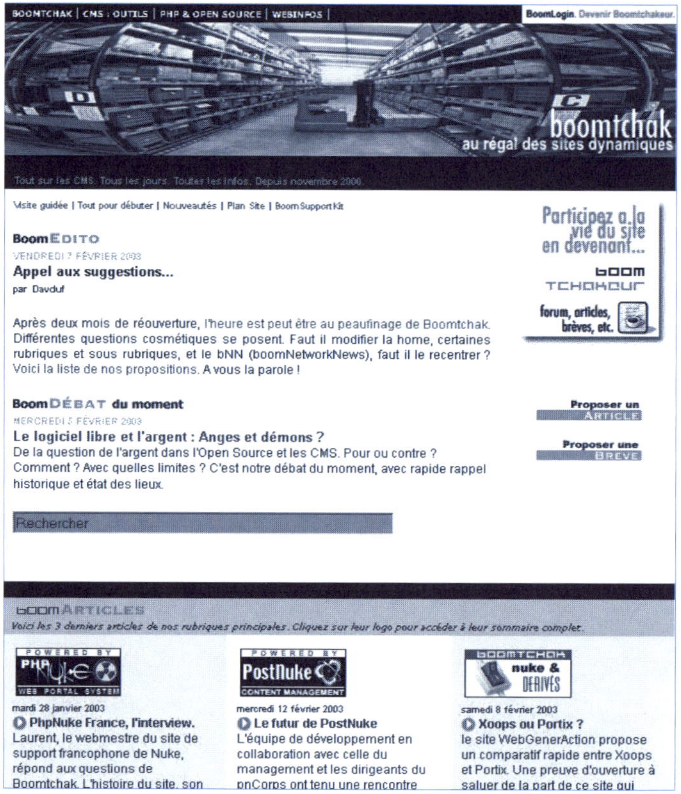

- LE site spécialisé en anglais :
http://www.opensourcecms.com/

- Un comparatif, avec de nombreux produits en anglais non décrits ici :
http://www.la-grange.net/cms

Annexes

FIN

L'Atelier

Bien écrire pour le Web

Table des matières

SUITE

SUITE

Index

Notes

Dépôt légal : Mars 2003
Imprimé en FRANCE

Achevé d'imprimer le 26 mars 2003
sur les presses de l'imprimerie «La Source d'Or»
63200 Marsat
Imprimeur n° 11227